Las Moradas

Escrito por Santa
Teresa de Jesús

Publicado por
Motmot.org

MISERICORDIAS DOMINI INETERN

TERESA DE
JESVS

NO SVÆ
ATIS
CI.
ALVTIS
1576
ECVDOM
SIVNII

Material incluido con su compra

Su compra incluye dos libros electrónicos que puede leer desde cualquier dispositivo.

» Las oraciones de Santa Teresa de Ávila.

» Los Ejercicios Espirituales de San Ignacio de Loyola.

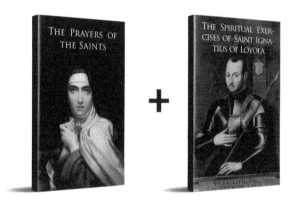

Escaneé el siguiente código QR para visitar nuestro sitio web y obtener el material incluido:

———————————— ó ————————————

Visítenos en https://motmot.org/45

"Que nada te perturbe, que nada te asuste. Todas las cosas pasan. Dios no cambia. La paciencia lo consigue todo"

— Santa Teresa de Jesús

Contenido

Introducción

Pocas cosas de las que me ha ordenado cumplir la obediencia se me han hecho tan difíciles como escribir ahora sobre oración; lo uno, porque me parece que el Señor no me da espíritu ni deseo para hacerlo; lo otro, porque he tenido la cabeza, durante tres meses, con tanto ruido y flaqueza, que hasta lo que es necesario lo escribo a duras penas; sin embargo, entendiendo que la fuerza de la obediencia suele facilitar lo que parece imposible, la voluntad me impulsa a hacerlo de muy buena gana, aunque mi ser parece afligirse mucho porque el Señor no me ha dado tanta fuerza, para luchar con la enfermedad y las ocupaciones cotidianas. Confío en su misericordia, como en otras ocasiones.

Diré lo que he dicho en otras ocasiones, cuando me han mandado escribir, y serán casi todas las mismas, porque así como los pájaros que logran hablar solo saben lo que oyen, así soy yo también. Si el Señor quiere que diga algo nuevo, lo dará o lo traerá a mi memoria y con eso me contentaría porque la tengo tan mala, que me alegraría recordar para que no se pierdan algunas cosas que, según decían, estaban bien dichas, . De no suceder eso, solo con cansarme y acrecentar el mal en mi cabeza, ya tendría una ganancia por obediencia, aunque lo que dijera no sea de ningún provecho. Entonces comienzo a dar cumplimiento, hoy día de la Santísima Trinidad, del año 1577, en este monasterio de San Jose del Carmen en Toledo, en donde estoy ahora y sometiéndome en todo lo que diga al parecer de quien me manda y es el conocedor de lo que escribiré. Si dijera alguna cosa que no vaya conforme a lo que indica la santa Iglesia Católica Romana, será por ignorancia y no por malicia. Tengan seguro que siempre estoy y estaré sujeta a la bondad de Dios y lo he estado a ella. Sea por siempre bendito y glorificado. ¡Amén!

Quien me mandó a escribir me dijo que, como las monjas de estos monasterios de Nuestra Señora del Carmen tienen necesidad de que alguien les aclare algunas dudas de oración y, en vista de que las mujeres se entienden mejor entre ellas, a su parecer —y con el amor que me tienen— prestarían más atención a lo que les dijera. Por esas razones, también considera que será importante, en caso de decir algo acertado, ir hablando con ellas de lo que escriba. Aunque parece un error pensar que otras personas me hagan caso, Nuestro Señor me hará un gran favor, si alguna de ellas aprovechara mis palabras para alabarle un poquito. Su Majestad sabe que yo no pretendo otra cosa y está muy claro que, cuando algo provechoso llegue a decir, sabrán que no soy yo quien lo dice, porque tengo poco entendimiento y habilidad para cosas semejantes, a menos que el Señor me los dé, por su misericordia.

Moradas Primeras

Iglesia de San Pedro y Plaza de
Santa Teresa en Ávila

Capítulo I

Hoy, mientras suplicaba a Nuestro Señor, que hablase a través de mí, porque yo no atinaba a comenzar el cumplimiento de esta obediencia, surgió lo que diré ahora para iniciar con algún fundamento. Condiremos nuestra alma como un castillo de diamantes, con un cristal muy claro, en donde hay muchas habitaciones, así como en el cielo hay muchas moradas. Si lo tomamos de esa manera, hermanas, el alma del justo no sería otra cosa más que un paraíso adonde, según Él, allí tiene sus deleites.

¿Cómo creen que será el aposento donde se deleita un Rey tan poderoso, tan sabio, tan limpio, tan lleno de todos los bienes? No encuentro con que comparar la gran hermosura de un alma y su gran capacidad. Y me parece que apenas alcanzaremos a comprenderla, por muy inteligentes que seamos; así como no podemos llegar a entender a Dios, pues, él mismo dice, que nos creó a su imagen y semejanza. Si esto es así, no hay para qué cansarnos en comprender la hermosura de este Castillo puesto que hay diferencia de él con Dios, como la hay entre el creador y la criatura, pues al ser criatura, basta decir que es hecha a imagen de Su Majestad, y apenas podamos entender la gran divinidad y hermosura de su alma.

Es una gran lástima, que por nuestra culpa, no nos entendamos a nosotros mismos, ni sepamos quiénes somos. ¿No sería una gran ignorancia, hijas mías, que preguntaran quienes somos y no supiéramos eso, ni quién fue nuestro padre, ni nuestra madre, ni de qué tierra son? Pues si esto es una gran bestialidad, es mayor la que hay en nosotras, cuando no buscamos saber qué cosa somos, o detenernos en la materia de estos cuerpos, y decir que tenemos alma solo porque lo hemos oído o porque lo dice la fe. Los bienes que puede haber en esta alma, o quién está dentro de ella y su gran valor, lo consideramos pocas veces, debido a que se hace muy poco para conservar su hermosura. Todo el cuidado se nos va en el cerco de este Castillo, que es nuestro cuerpo. Tengamos en cuenta que este Castillo tiene, como he dicho, muchas moradas, unas en lo alto, otras abajo, otras a los lados; y en el centro de todas tiene la más principal, que es adonde pasan cosas muy confidenciales entre Dios y el alma.

Les recuerdo que van advertidas a la siguiente comparación y quizás Dios se dé por servido si, a través de esa comparación, les pueda ayudar a entender algo de las bondades que él mismo brinda a las almas, y las diferencias que hay en ellas, hasta donde yo entiendo que es posible, porque son muchas y es imposible entenderlas a todas, y menos alguien tan ruin como yo. Sería un gran consuelo que, para alabar su gran bondad, el Señor les hiciera saber que así como no nos hace daño tener en cuenta las cosas que hay en el cielo y de lo que gozan allí los bienaventurados, primero nos alegramos y procuremos alcanzar eso de lo que ellos gozan. También nos hará ver que es posible, en este destierro, la comunicación entre un Dios tan grande con unos gusanos malolientes, y nos hará amar su bondad y una misericordia que no tienen medida.

Estoy segura de que a quien le hiciera daño entender que esto es posible para Dios, en este destierro, es porque le hace falta humildad y amor al prójimo, ¿cómo nos alegramos de que Dios le dé estas gracias a un hermano si esto no impide que nos las dé a nosotras, y así entender sus grandezas? Algunas veces Dios muestra esas gracias solo para que conozcamos su grandeza, como sucedió con el ciego a quien le dio la vista, cuando le preguntaron los apóstoles si era por sus pecados o los de sus padres. Y así las hace, no porque sea más santo quien las recibe, sino porque así muestra su grandeza (como vemos en San Pablo y la Magdalena) y para que nosotros le alabemos en sus criaturas.

Parecen cosas imposibles y no es necesario escandalizar a los no creyentes. Se pierde menos en que ellos no lo crean, que en dejarse convencer de lo que hace Dios; y se abrirán a un mayor amor hacia quien hace tantas misericordias. Su poder y majestad son cada vez más grandes mientras más hablo con quienes creen en las demostraciones de Dios. Yo sé que quien no cree en esto, no lo creerá por experiencia propia ya que Dios no es muy amigo de que pongan límite a sus obras y, por ello, espero que nunca les pase a ustedes y el Señor no las lleve por este camino.

En nuestro hermoso Castillo podemos ver cómo entrar en él. Podría parecer que digo un disparate porque si este Castillo es el ánima, entonces no se puede entrar a algo que se es en sí mismo, como también sería un error decir a alguien que entre en una pieza, cuando ya está dentro. Sin embargo, deben entender que hay muchas almas rondando el Castillo y que no les importa nada entrar allí, ni saben qué hay en aquel precioso lugar, ni quién está dentro, ni qué piezas tiene.

Habréis leído en algunos libros de oración el consejo de ver dentro de sí mismo; pues así mismo es. Me dijo hace poco, un gran letrado, que las almas sin oración son como un cuerpo con parálisis, que aunque tenga pies y manos no los puede mandar; que hay almas tan enfermas y dedicadas a cosas materiales, que no tienen remedio, y pareciera que no pueden entrar dentro de sí porque están acostumbradas a tratar con las "sabandijas y bestias" que están en el cerco del Castillo, aunque está en su naturaleza conversar con Dios.

Si estas almas no intentan entender y remediar su gran miseria, se convertirán en estatuas de sal, por no dirigir su cabeza hacia sí mismas, como le sucedió a la mujer de Lo por voltear. Porque de acuerdo con lo que yo puedo entender, la puerta para entrar en este Castillo es la oración, sin referirme a oración mental ni vocal, pues al hablar de Oración, debe incluir la reflexión. Quien no se da cuenta de con quién habla, lo que pide, quién pide y a quién, no está en oración, aunque mueva mucho los labios.

Quien tuviese de costumbre hablar con Dios, como hablaría con un ser inferior, sin prestar atención a lo que dice, no lo considero en oración, ni quiera Dios que algún cristiano tenga esa suerte. Entre vosotras, hermanas, espero en Dios que no sea así, por la costumbre que hay de tratar temas espirituales. Entonces no hablemos con estas almas tullidas, porque si no las manda el mismo Señor a que se levanten, como al que estaba en la piscina, tienen muy mala suerte y corren gran peligro. Hablemos con las almas que entran en el Castillo, porque aunque están muy metidas en el mundo ponen el corazón, tienen buenos deseos y algunas veces se encomiendan a nuestro Señor, consideran quiénes son y rezan de vez en cuando, aunque están distraídas en sus pensamientos, donde creen que está su tesoro. En fin, entran en las primeras piezas de las que están más abajo y donde hay tantas sabandijas, que no los dejan ver la hermosura del Castillo; ya es mucho pare ellas el haber entrado.

Les parecerá impertinencia, pero por la bondad del Señor ustedes no son de éstas. Deberán tener paciencia, porque no sabré dar a entender algunas cosas interiores de oración porque es difícil lo que quiero darles a entender, cuando no hay experiencia.

Capítulo II

Antes de seguir adelante, les quiero decir que consideren lo que será ver este Castillo tan resplandeciente y hermoso, esta perla oriental, este árbol de vida plantado en las mismas aguas de la vida que es Dios. Cuando se cae en pecado mortal, no hay tinieblas más tenebrosas, ni cosa tan oscura y negra que no pueda estarlo mucho más. Noten que aunque el mismo Sol esté en el castillo, al que le daba resplandor y hermosura, es como si aunque estuviera allí en el centro, no pudiese participar como lo haría el sol aprovechando el cristal para resplandecer en él. No le es posible aprovechar alguna cosa y es por eso que las buenas obras que se hicieran al estar en pecado mortal, no dan fruto para alcanzar gloria, pues al no proceder de Dios y apartarse de Él no puede ser agradable ante sus ojos. El intento de quien comete un pecado mortal, no es contentar a Dios, sino complacer al Demonio que, al ser las tinieblas, así mismo la pobre alma queda hecha también una tiniebla.

Yo sé de una persona a quien nuestro Señor quiso mostrarle cómo quedaba un alma cuando pecaba mortalmente. Aquella persona dijo que si se comprendiera eso no sería posible que alguien pecara y haría todo a su alcance para huir de las ocasiones de pecado. Así quiso que todos lo entendieran. Rueguen mucho, ustedes hijas, a Dios por quienes están en ese estado de oscuridad, y así son sus obras. Tal como son los arroyos provenientes de una fuente muy clara, son las obras de un alma que está en gracia; de allí deriva que sus obras sean tan agradables a los ojos de Dios y de los hombres, porque proceden de esta fuente de vida, donde el alma está como un árbol plantado en ella, y donde no tendría frescura y fruto, si no procediere de allí, donde se sustenta, no se seca y da buen fruto. El alma que por su culpa se aparta de esta fuente y se planta en otra de aguas muy negras y malolientes, todo lo que corre de ella es desventura y suciedad.

La fuente y aquel sol resplandeciente que están en el centro del alma no pierden su resplandor y hermosura, siempre están dentro de ella y ninguna cosa se les puede quitar; pero si sobre un cristal que está al sol se colocara un paño muy negro, aunque el sol dé en él, no dará su claridad en el cristal.

¡Oh, almas redimidas por la sangre de Jesucristo!, ¡entiendan y tengan lástima de ustedes mismas! ¿Cómo es posible que entendiendo esto no intenten quitar esa oscuridad del cristal? Mira que si se les acaba la vida, jamás podrán gozar de esta luz. ¡Oh Jesús! ¡Qué triste es ver a un alma apartada de ella! ¡Quedan pobres los aposentos del Castillo! ¡Qué perturbados andan los sentidos que son los que viven en ellos! Y las energías del alma, que son las que gobiernan, ¡con qué ceguedad y mal gobierno!

En fin, si donde está plantado el árbol, está el Demonio, ¿qué fruto puede dar? Oí una vez a un hombre espiritual que no se espantaba de las cosas que hiciera alguien que está en pecado mortal, pero sí, de lo que no hacía. Que Dios, con su misericordia, nos libre de ese gran mal, que no hay algo, mientras vivamos, que merezca el nombre de mal pues acarrea males eternos. Esto es, hijas, lo que debemos temer, y lo que debemos pedir a Dios en nuestras oraciones; porque si Él no cuida la ciudad, trabajaremos en vano, pues somos la vanidad misma.

Decía aquella persona que había aprendido dos cosas de Dios; la primera, un temor grandísimo de ofenderle, y así siempre le suplicaba que no la dejara caer, viendo esos terribles daños; la segunda, un espejo para la humildad, mirando cómo cada cosa buena que hacemos no viene, en principio, de nosotros, sino de la fuente adonde está plantado el árbol de nuestras almas, y del sol, que da calor a nuestras obras. Dijo que vio todo esto tan claro que, haciendo alguna cosa buena o viéndola hacer, acudió a su principio y entendió como, sin esta ayuda, no podemos nada. Después de entender eso alababa a Dios.

Hermanas, no sería tiempo perdido que se dedicaran a leer esto, ni yo a escribirlo, sólo ese par de cosas, que los letrados y entendidos las saben muy bien, quiera el Señor que las conozcamos (semejantes comparaciones) y nos dé la gracia para ello.

Son tan oscuras de entender las cosas interiores que para alguien que sabe tan poco como yo, le será forzado decir muchas cosas superfluas y desatinadas, para acertar alguna. Es necesario que tenga paciencia quien las lea, pues yo tengo que escribir lo que no sé y es cierto que algunas veces tomo el papel, como una boba, sin saber qué decir ni cómo comenzar. Sin embargo, entiendo que es algo importante para ustedes decir algunas cosas interiores, porque siempre oímos lo buena que es la oración, y tenemos como fundamento dedicarle tantas horas, pero no se nos dice más de lo que podemos nosotras e incluso de las cosas que obra el Señor en su alma y de lo sobrenatural, sabemos muy poco.

Nos será de mucho consuelo considerar este artificio celestial interior, muy poco entendido por los mortales, antes de que vayan muchos por él. Y aunque, en otras cosas que he escrito, el Señor ha dado algo a entender, creo que algunas no las había entendido como acá, en especial las más difíciles. El trabajo es que, para llegar a ellas como he dicho, hay que decir muchas cosas ya sabidas, porque no puede ser de otra forma para mi tosco ingenio.

Retomemos a nuestro Castillo de muchas Moradas. No podrás entender esas Moradas una en seguida de otra (como algo hilado) sin poner los ojos en el centro que es la habitación donde está el Rey, y sin considerar la distribución de sus piezas como un palmito, el cual tiene muchas coberturas alrededor de todo lo sabroso. En torno a esta pieza hay muchas, y encima también, porque las cosas del alma siempre se han de considerar con plenitud, anchura y grandeza, pues en todas partes de ella se comunica este sol, que está en este palacio. Esto le importa mucho a cualquier alma que haga poca o mucha oración y puede andar por estas Moradas, arriba y abajo y a los lados, pues Dios le dio esa dignidad.

No se obliguen a estar mucho tiempo en una pieza sola porque en el propio conocimiento, aun las que están en la misma Morada del Señor, no llegarán a la cumbre de su conocimiento. La humildad siempre labra como la abeja en la colmena la miel. Consideremos que la abeja no deja de salir a volar y traer flores; así lo hace el alma en el propio conocimiento volando algunas veces a considerar la grandeza y majestad de su Dios. Así conocerán mejor las bajezas de sí mismas y serán más libres de las sabandijas (tentaciones) que entran en las primeras piezas, logrando así el propio conocimiento. Y créanme, con la virtud de Dios, obraremos mejor virtud que estando muy atadas a nuestra tierra.

No sé si queda entendido, por qué es tan importante conocernos, y que no se relajen en eso, por muy elevadas que estén en los cielos; pues mientras estamos en esta tierra, no hay cosa más importante que la humildad. Y así les digo que es demasiado bueno tratar de entrar en esta morada primero, antes de volar a las demás, porque este es el camino. Si podemos ir por lo seguro y llano, ¿para qué hemos de querer alas para volar? Busquen cómo aprovechar esto.

A mi parecer, jamás nos terminamos de conocer, si no procuramos conocer a Dios. Al mirar su grandeza nos damos cuenta de nuestra bajeza, y mirando su limpieza veremos nuestra suciedad. Considerando su humildad, veremos cuán lejos estamos de ser humildes. Hay dos ganancias de esto: la primera, está claro que en la comparación con Dios nos conocemos mejor; la segunda es que nuestro entendimiento y voluntad se hacen más nobles y más parejos para bien, acercándonos a Dios y poder salir de nuestro barro de miserias.

Así como nos referíamos a los que están en pecado mortal, que tan negras y del mal olor son sus corrientes, así es acá, esto es solo comparación. Dios nos libre de que, mientras estamos metidos en la miseria de nuestra tierra, nunca salgamos del lodo de los temores, la pusilanimidad y la cobardía; de estar pendiente de que me miren o no me miren; de pensar que si voy por este camino me sucederá mal, de preguntarme si podré iniciar aquella obra o si será soberbia o si está bien que una persona tan miserable trate de cosas tan altas como la oración, si no voy por el camino de todos. Los extremos no son buenos aunque sea en virtud pues como soy tan pecadora caeré de más alto, quizás no iré adelante y haré daño a los buenos, porque una como yo no necesita atenciones particulares.

¡Oh, válgame Dios, hijas, cuántas almas deben haberse perdido con el Demonio por este camino!, ese en donde todo esto les parece humildad pero no acabamos de entendernos. Se tuerce el conocimiento propio y, si nunca salimos de nosotros mismos, no me sorprende que esto y más se pueda temer. Por eso digo, hijas, que pongamos los ojos en Cristo y en sus santos y de allí desprenderemos la verdadera humildad y se ennoblecerá el entendimiento como he dicho, cosa que no puede hacer el propio conocimiento ratero y cobarde. Aunque es la primera Morada, es muy rica y de tanto valor, que si se deslastra de las sabandijas que allí están, no se quedará sin pasar adelante. Son terribles las estrategias y mañas del Demonio para que las almas no se conozcan ni entiendan sus caminos.

De estas primeras Moradas yo podré dar muy buenas pistas de experiencia; por eso digo, no consideren pocas piezas, sino un millón, porque las almas entran aquí de muchas maneras, unas y otras con buena intención. Pero como el Demonio es malo, debe tener en cada una muchas legiones de demonios para evitar que no pasen de unas a otras, y como la pobre alma no lo entiende, le hacen trampa de mil maneras, lo cual no se le hace tan fácil con las que están más cerca de donde está el Rey. En cambio aquí, como aún están impregnadas por el mundo, enfrascadas en sus alegrías y desvanecidas en sus honras y pretensiones, los vasallos no tienen la fuerza del alma, que son los sentidos y energías dados naturalmente por Dios, entonces es fácil vencer a estas almas, aunque sus deseos sean no ofender a Dios y hagan buenas obras.

Quienes se vean en ese estado, deben acudir a menudo y como puedan, a su Majestad; recurrir a su Madre bendita como intercesora, y a sus santos para que peleen por ellas, porque sus criados tienen poca fuerza para defender y, a decir verdad, es indispensable que todos los estados nos vengan de Dios, que Su Majestad nos lo dé por misericordia, amén. ¡Qué miserable es la vida en que vivimos! Como en otra parte dije, mucho daño nos hace no entender bien esto de la humildad y el propio conocimiento; no les digo más aquí, aunque es lo que más nos importa y quiera el Señor que haya dicho algo de provecho.

Han de notar que en estas primeras Moradas no llega casi nada de la luz que sale del palacio donde está el Rey, porque aunque no están oscurecidas y negras, como cuando el alma está en pecado, están oscurecidas de alguna manera, para que no la pueda ver quien está en ella y no por culpa de la misma pieza, sino porque con tantas cosas malas de culebras, víboras y cosas ponzoñosas que entraron con el alma, no le dejan ver la luz, como cuando se entra en un lugar adonde entra mucho sol pero se lleva tierra en los ojos y no se pueden abrir. La habitación está clara, pero no se puede gozar por ese impedimento o por intromisiones de estas fieras y bestias, que hacen cerrar los ojos para que solo las vean a ellas.

Así me parece que debe ser un alma, que aunque no está en mal estado, está tan metida y tan empapada en las cosas del mundo que aunque de verdad quiera ver y gozar de su hermosura, no puede escabullirse de tantos impedimentos.

Es muy conveniente para entrar a las segundas Moradas, que busque prescindir de las cosas no necesarias, cada uno conforme a su estado. Es algo tan importante para llegar a la Morada principal, que si no comienza a hacer esto, creo que será imposible permanecer sin mucho peligro en la que está, aunque haya entrado en el Castillo, porque entre tantas ponzoñas, es imposible no ser mordido, una y otra vez.

¿Pues qué pasaría hijas, si las que ya están libres de estos tropiezos, como nosotras que hemos entrado muy dentro a otras Moradas secretas del Castillo, por no estar atentas a los enemigos, vuelven a caer en pecados? En lo exterior estamos libres en lo interior pidamos al Señor que lo estemos y nos libre. Eviten hijas mías, cuidados ajenos. Mira que en pocas Moradas de este Castillo se deja de combatir los demonios. La verdad es que, si en algunas tienen fuerza, guárdenla para pelear; ya he dicho cómo son las energías, pero es muy necesario no descuidarnos para entender sus artimañas, y que no nos engañen en forma de ángel de luz, porque hay una multitud de cosas con que se nos puede hacer daño, entrando poco a poco, y es solo hasta cuando sucede que no lo entendemos. Yo dije antes que es como una lima sorda, que debemos entender desde el principio.

Quiero decir una cosa para que entiendan mejor. Pongan en una hermana varios impulsos de penitencia hasta que le parece no tiene descanso, sino cuando se está atormentando. Este principio indica que si la prioridad establece que no hagan penitencia sin licencia, pero a escondidas se da tal vida que se pierde la salud, y no hace lo que manda su Regla, entonces ya verán en qué terminaría este bien. Al poner énfasis en una perfección muy grande podría suceder que cualquier pequeña falta de las hermanas le pareciera un gran quiebre, pero estaría mirando solo las faltas que hacen otros sin ver las suyas, por la gran pasión que tiene en la religión; entonces, en vista de que los señalados no comprenden lo interior podrían tomarlo mal.

Lo que aquí pretende el Demonio es enfriar la caridad y el amor de unas con otras, lo cual sería un gran daño. Entendamos hijas mías que la perfección verdadera es amor de Dios y del prójimo, y mientras con más perfección practiquemos estos dos mandamientos, seremos más perfectas. Toda Regla no sirve de otra cosa sino como medio para practicar esto con más perfección. Dejémonos de celos indiscretos, que nos pueden hacer mucho daño: cada una mírese a sí misma. Como ya he hablado suficiente sobre esto, no me alargaré. Importa tanto este amor de unas con otras que no quisiera que se les olvidara; porque de andar señalando en las otras sus imperfecciones, que a veces no serán tales, el alma puede perder la paz e inquietar la de otras; mira lo caro que cuesta la perfección.

También podría el Demonio poner esta tentación y sería más peligrosa. Para esto es importante mucha discreción; porque si fuesen cosas que van contra la Regla, es preciso avisarla para que se enmiende: esto es caridad. De igual manera debe ser con las hermanas, si fuese alguna cosa grave y se dejara pasar todo por miedo, sería la misma tentación. Mas se debe advertir mucho, para que no nos engañe el Demonio, no traten una con otra, de que ahí puede sacar provecho él y dar inicio a la costumbre de murmurar. Aquí, no hay lugar para que se guarde silencio continuamente, más bien debemos estar sobre aviso.

Moradas Segundas

La Iglesia de Santa Teresa en Castilla

Capítulo I

Ahora vamos a hablar acerca de cuáles serán las almas que entran a las segundas Moradas y qué hacen en ellas. Quisiera decir poco, porque lo he dicho antes, de manera extendida y será imposible volver a decir otra vez mucho de lo mismo, porque algunas cosas de las que he dicho no las recuerdo. Si se pudiera explicar de diferentes maneras, sé que no se enfadarían, así como nunca nos cansamos de los libros que tratan de esto, aunque sean muchos.

Estas almas ya han comenzado a tener oración y entendimiento, lo que les importa no es quedar en las primeras Moradas, pero aún no tienen la determinación constante para dejar de estar en ellas, porque no sueltan las tentaciones, lo cual es muy peligroso. Sin embargo, hay mucha misericordia en que, por algún rato, procuren huir de las "culebras y cosas ponzoñosas" y entiendan que es bueno dejarlas. En parte, éstas Moradas implican mucho más trabajo que las primeras, aunque no tanto peligro porque las almas ya parecen entender y hay mucha esperanza de que lleguen más adentro. Digo que tienen más trabajo, porque en las primeras están como mudas que no oyen y así hacen mejor su trabajo de no hablar, lo que sería menor cosa para los que oyen y no pueden hablar; pero no por eso se desea más no oír porque es muy importante entender lo que nos dicen.

Así se van entendiendo los llamados que hace el Señor porque, como van entrando más cerca de donde está su Majestad, es muy buen vecino y tanta su misericordia y bondad, que aún estando en nuestros pasatiempos, negocios, alegrías y materialismo del mundo, y cayendo y levantándonos del pecado (porque estas bestias son ponzoñosas y su compañía tan peligrosa y ruidosa, que por milagro no se tropezaría y caería en ellas) nuestro Señor valora que le queramos y procuremos su compañía. Una y otra vez no deja de llamarnos, para que nos acerquemos a Él y esta voz es tan dulce que la pobre alma se deshace si no cumple lo que le manda. Por eso digo que es más trabajo no oír.

No digo que son estas voces y llamados como otras que mencionaré después, sino palabras que oye la gente buena, o sermones, o lo que leen en buenos libros, y muchas cosas que han oído y a través de las que Dios llama. Incluso con enfermedades, trabajos, y también con la verdad que enseña en los ratos que estamos en la oración, aunque sean flojos, Dios los valora mucho. Y ustedes, hermanas, no desprecien esta gracia, ni se desconsuelen, aunque no le respondan luego al Señor, porque él bien sabe esperar días y años, especialmente cuando ve perseverancia y buenos deseos. Esto es lo más necesario aquí, porque así jamás se deja de ganar mucho, pero lo que sí es terrible es la energía que dan los demonios, de mil formas, provocando más pena en el alma que en la anterior Morada porque aquella estaba muda y sorda, al menos oía muy poco y resistía menos, como alguien que tiene perdida la esperanza de vencer. Aquí el entendimiento está más avivado y las fuerzas con más habilidad. El alma no puede dejar de oír los golpes y la artillería. Porque aquí los demonios representan las culebras de las cosas del mundo como algo que alegra casi por siempre, incluyendo la estima que le tienen los demás, los amigos y parientes, la salud para hacer penitencia, pues el alma siempre que entra en esta Morada comienza a desear alguna de ellas, además de muchas otras formas de impedimento.

¡Oh Jesús, tal es el bullicio que aquí ponen los demonios y las aflicciones de la pobre alma, que no sabe si seguir adelante o volver a la primera pieza! Porque la razón le conduce al engaño de pensar que todo esto vale nada, en comparación con lo que aspira; la fe enseña qué es lo que le conviene; la memoria le muestra en lo que van a parar todas estas cosas, recordándole la muerte de los que gozaron mucho de esto y ha visto lo pronto que son olvidados. También recuerda a los que conoció en la prosperidad, que hasta ha pisado su sepultura, y ve la descomposición de sus cuerpos además de otras tantas cosas.

La voluntad se inclina a amar donde innumerables muestras de amor ha visto y querría compensar alguna; se le pone delante y lo acompaña siempre con verdadero amor, dándole vida y ser. Luego llega el entendimiento para hacerle entender que no puede tener mejor amigo, aunque viva muchos años porque todo el mundo está lleno de falsedad, y estos "placeres" que le pone el Demonio son trabajos y contradicciones. También le dice que tenga claridad en que fuera de este Castillo no hallará seguridad ni paz; que deje de andar en casas ajenas, pues la suya está llena de bienes, si la quiere aprovechar. ¿Quién puede hallar en otro lado todo lo que ya tiene en su casa, considerando que tiene como huésped al Señor que le brindará todos los bienes en caso de que no quiera andar perdido como el hijo pródigo y comiendo manjar de puercos? Estas son suficientes razones para vencer los demonios.

Sin embargo, ¡oh Señor y Dios mío, la costumbre de las vanidades y ver que todo el mundo trata de esto, lo arruina todo! Porque está tan muerta la fe que queremos más lo que vemos que lo que nos dice ella. Y la verdad es que no vemos sino muy mala suerte en quienes se van detrás de estas cosas visibles. Es justo eso lo que han hecho las ponzoñas con las que tratamos, pues si nos muerde una víbora, se envenena todo y se hincha. Así es acá: no nos cuidamos y, claro está, que se requieren muchas curas para sanar y habrá mucha intervención de Dios si no llegamos a morir de eso.

Es cierto que el alma pasa aquí grandes trabajos, en especial si el Demonio entiende que tiene condiciones para seguir adelante; todo el infierno se unirá para hacer que el alma salga del castillo. ¡Ah, Señor mío, aquí es necesaria tu ayuda, porque sin ella no se puede hacer nada! Que tu misericordia no permita que esta alma sea engañada para abandonar el camino que ha comenzado. Dale luz para que vea cómo allí está todo su bien y para que se aparte de las malas compañías. Es algo muy grande tener trato con quienes tratan acerca de este bien y acercarse, no sólo a los que vean en los aposentos, sino a los han se han acercado. Eso será de gran ayuda y pueden conversar para que lo metan consigo.

Siempre vigilen para no dejarse vencer; porque si el Demonio lo ve con la gran determinación de que preferiría perder la vida y el descanso y todo lo que le ofrece, antes que volver a la primera pieza, lo dejará muy pronto. Sea valiente y manténgase determinado a pelear con todos los demonios, teniendo presente que no hay mejores armas que las de la Cruz.

Aunque anteriormente he dicho esto, importa tanto, que lo vuelvo a decir aquí. Tal vez no se acuerde que hay regalos en esto que está comenzando, porque parece muy baja la manera de comenzar a labrar un edificio tan precioso y grande. Si comienza sobre arena, caerá con todo al suelo, siempre andarán disgustados y tentados porque estas no son las Moradas donde llueve el maná. Esas moradas están más adelante, donde todo tiene sabor a lo que un alma quiere, porque no quiere solamente lo que Dios quiere.

Es paradójico que aun estando con mil impedimentos e imperfecciones, y con virtudes que apenas están naciendo (y quiera Dios estén comenzadas) que no tengamos vergüenza de anhelar gustos en la oración y quejarnos de cuestiones estériles. ¡Qué nunca les suceda, hermanas! Abracen la Cruz que su esposo llevó sobre sí y entiendan que este debe ser su propósito. La que más pueda padecer, que lo haga por Él y se librará mejor. Lo demás, como las cuestiones accesorias, si se las diera el Señor, agradézcanlas.

Creerán que están listas para los trabajos exteriores, por los regalos que han recibido de Dios, en lo interior. Su Majestad sabe mejor lo que nos conviene y no hay que aconsejarle lo que nos tiene que dar, aunque nos puede decir, con razón, que no sabemos nada de lo que pedimos. Toda pretensión de quien comienza la oración (y no se les olvide esto porque importa mucho) debe ser trabajar, determinarse y disponerse, por todos los medios que puedan, para que su voluntad sea conforme con la de Dios, y, como diré después, tengan la certeza de que en esto consiste la mayor perfección que se puede alcanzar en el camino espiritual. Quién tenga más claro esto, recibirá más del Señor y estará más adelante en este camino; no piensen que en esto consiste todo nuestro bien, pues si nos equivocamos en el principio queriendo luego que el Señor haga nuestra voluntad, y que nos guíe como lo imaginamos, ¿qué firmeza puede haber en este edificio?

Procuremos hacer lo que nos corresponde, y cuidarnos de las tentaciones, porque muchas veces quiere el Señor que nos persigan y aflijan los malos pensamientos, sin poderlos echar de nosotras e incluso permite que nos muerdan las sabandijas, para que después nos cuidemos mejor, y para probar si en realidad nos apena el haberlo ofendido. Por eso no se desanimen si alguna vez cayeran y dejaran de intentar seguir adelante porque incluso de esa caída, Dios sacará bien, como hace el que vende un antídoto que, para probar si es bueno, bebe primero el veneno. Así es cuando no vemos nuestra miseria de otra manera, ni el daño que nos hace andar caídos. ¿Puede haber algo peor que no estar en nuestra misma casa? ¿Qué esperanza podemos tener de encontrar calma en otras cosas, pues en las propias no podemos estarlo? ¿Qué tan grandes y verdaderos amigos y parientes, puede haber, con quienes tenemos que vivir? Aunque no queramos, así son esas fuerzas resentidas que nos hacen la guerra.

Paz, paz hermanas, dijo el Señor, y reprendió a sus apóstoles muchas veces. Créanme que si no la tenemos y la mantenemos en nuestra casa, no la hallaremos en los extraños. Que ya se acabe esta guerra por la sangre que derramó Jesús por nosotros, es lo que les pido a los que no han comenzado a entrar en sí mismos, y a los que ya han comenzado, que no sea suficiente para hacerlos volver atrás porque es peor la recaída que la caída: vean bien cuán grande es su pérdida. Confíen en la misericordia de Dios y no en la de ustedes, verán cómo su Majestad las lleva de unas Moradas a otras y las conduce en la tierra donde las fieras no las puedan tocar ni cansar, donde las sujete a todas, se burle de ellas y goce muchos más bienes de los que podría desear, en esta vida.

Como dije al principio, les he escrito sobre las perturbaciones que pone el Demonio, y cómo se debe proceder con suavidad, para que puedan ser más constantes. No lo diré aquí, pero a mi parecer es mejor relacionarse con personas experimentadas porque en las cosas que se deben hacer, pensarán que hay daño. Solo al dejarlo, todo lo guiará el Señor en nuestro provecho, aunque no encontremos quien nos enseñe que para este mal no hay remedio, a menos que se vuelva a comenzar, pues de lo contrario el alma irá perdiendo poco a poco, cada día, y ojalá que Dios lo entienda.

Alguna de ustedes podría pensar, que como es tan malo volver atrás, será mejor no comenzar y quedarse fuera del Castillo. Ya les dije al principio, y el mismo Señor lo dice también, que quien anda en el peligro, muere en él y que la puerta para entrar en este Castillo es la oración. Entonces, es un error pensar que vamos a entrar en el Cielo sin entrar en nosotros, conociéndonos y considerando nuestra miseria y lo que le debemos a Dios, hasta pidiendo muchas veces su misericordia.

El mismo Señor dice: "ninguno subirá al Padre sino por mí (no sé si dice así, creo que sí), y quien me ve a mí, ve a mi Padre". Pues si nunca lo miramos y consideramos lo que le debemos, y la muerte que pasó por nosotros, no sé cómo lo podemos conocer ni realizar obras en su servicio. Porque la fe sin ellas y sin valorar los méritos de Jesucristo, ¿qué valor puede tener? ¿Quién nos despertará a amar al Señor? Pidan a su Majestad que nos dé a entender lo mucho que le costamos y que debemos obrar para gozar su gloria, para lo cual es necesario orar con el fin de no caer siempre en tentación.

Moradas Terceras

Convento de Santa Teresa en Ávila, España

Capítulo I

A quienes, por misericordia de Dios, han vencido en estos combates y, con la perseverancia, han entrado a las terceras Moradas, qué les podríamos decir más que "bienaventurado el varón que teme al Señor". No es poco lo que ha hecho su Majestad para que yo entienda ahora qué quiere decir el romance de este verso a este tiempo, pues soy torpe en este caso. Por cierto, con toda razón le llamaremos bienaventurado, pues si no vuelve atrás, lleva un camino seguro de salvación. Aquí se darán cuenta hermanas lo importante que es vencer las batallas pasadas porque tengo la certeza de que el Señor nunca deja de brindarle seguridad de conciencia, lo cual no es poca cosa. Digo esto, pero se debe entender que se da, siempre y cuando, no se abandone el camino ya iniciado.

Hay gran miseria al vivir una vida como la de quienes tienen enemigos a la puerta, que no pueden dormir ni comer sin armas, y siempre están sobresaltados, porque pueden romper su fortaleza por algún lado. ¡Oh Señor mío! ¡Cómo crees que se puede desear una vida tan miserable, a menos que sea para dejarla y pedirte que nos saques de ella, o usarla realmente a tu servicio o, incluso, entender que es tu voluntad! Si esto es así, Dios mío, es mejor morir contigo tal como dijo Santo Tomás, que significa morir muchas veces el vivir sin ti y con los temores de perderte para siempre. Por eso digo, hijas, que la bienaventuranza que hemos de pedir es tener la seguridad con los bienaventurados pues con estos temores, ¿qué alegría puede tener quien busca complacer a Dios? Piensen que esto sentían algunos santos que cayeron en pecados graves y no estamos seguros de que Dios nos dará la mano para salir de allí y recibir auxilio particular.

Por cierto, hijas mías, estoy escribiendo esto con mucho

temor. Pidan hijas mías, que su Majestad viva siempre en mí, porque si no es así, ¿qué seguridad puede tener una vida tan mal gastada como la mía? Y no duden en entender que esto es así, como algunas veces lo he visto en ustedes cuando dicen que quisieran haber sido muy santas, y tienen razón porque yo también lo quisiera ¡Pero qué tengo de hacer! si lo perdí por mi culpa. No me quejaré de Dios, que dejó de darme muchas ayudas para que se cumplieran sus deseos y no puedo decir esto sin lágrimas y gran confusión al escribir cosas dirigidas a quienes me pueden enseñar a mí. ¡Rigurosa obediencia ha habido al Señor! pues gracias a Él se aprovecha algo si le piden que perdone a esta atrevida miserable. Aunque su Majestad sabe que sólo puedo presumir de su misericordia, y como no puedo dejar de ser la que he sido, no tengo otro remedio que acercarme a ella y confiar en los méritos de su Hijo y de la Virgen, su Madre, cuyo hábito indignamente traigo y traen ustedes.

Alaben, hijas mías a esta Señora, así no tendrán que afrontar el hecho de que yo sea ruin, al tener una Madre tan buena. Imítenla y consideren la grandeza de esta Señora y el bien de tenerla como una patrona, ya que no han bastado mis pecados ni ser la que soy, para dañar en nada esta sagrada Orden. Pero les aviso una cosa: no estén seguras por tener tal Madre, pues David era muy santo y han visto lo que fue Salomón. Tampoco hagan caso del encierro y la penitencia en que vivís, ni se sientan seguras al tratar siempre de Dios y ejercitarse en la oración continuamente, o estar retiradas de las cosas del mundo y aborrecerlas. Bueno todo esto no basta, como he dicho, para que dejemos de temer. Así continúa este verso y tráiganlo a la memoria muchas veces: beatus vir, qui timed Dominum (bienaventurado el hombre que teme al Señor).

Ya no sé lo que decía, que me ha divertido mucho, acordándome de mí se me quiebran las alas para decir algo bueno, y así lo quiero dejar por ahora, volviendo a lo que les comencé a decir, sobre las almas que han entrado a las terceras Moradas, a las que el Señor les ha hecho un gran favor permitiéndoles pasar las primeras dificultades.

Gracias a la bondad del Señor, creo que hay muchas almas así en el mundo con muchos deseos de no ofender a su Majestad: se cuidan de los pecados veniales, y hacen penitencia en sus horas de introspección; usan bien su tiempo, si se ejercitan en obras de caridad hacia el prójimo.

Un deseo que, al parecer, no les negará la entrada a la siguiente Morada ni la negará el Señor, es el de querer tener la disposición para que les haga toda clase de regalos. ¡Oh Jesús! y ¿quién dirá que no quiere un bien tan grande, cuando ya se ha pasado por lo más complicado? ¡Nadie! Todas decimos que lo queremos; pero como aún falta más, para que el Señor posea totalmente el alma, no basta con decirlo, como no le bastó al joven cuando le dijo el Señor que quería ser perfecto.

Desde que comencé a hablar en estas Moradas le traigo al frente, porque somos así al pie de la letra, y lo más común es que vengan de aquí las grandes sequedades en la oración, aunque también hay otras causas. Dejo unos trabajos interiores que tienen por hacer muchas almas buenas con una intolerancia de la que no tienen toda la culpa y de donde el Señor siempre las saca con mucha ganancia, por la melancolía que tienen y otras enfermedades.

En definitiva, en todas las cosas hemos de dejar aparte los juicios de Dios. Entre lo que yo tengo para mí que es lo más común, está lo que he dicho. Estas almas por ninguna razón caerían en pecado ni siquiera venial, por estar advertidas. Invierten bien su vida y su hacienda, no pueden poner a prueba el hecho de que se les cierre la puerta para entrar adonde está nuestro Rey, aunque se consideren vasallos y hasta lo sean, porque aunque acá tenga muchos, el Rey de la tierra, no entran todos hasta su cámara.

Entren hijas mías, en lo interior; pasen adelante sus obrillas que por ser cristianas debéis todo eso y mucho más, y basta con que sean vasallas de Dios: no quieran tanto que se vayan a quedar sin nada. Miren a los santos que entraron a la cámara de este Rey y verán la diferencia que hay entre ellos y nosotras. No pidan lo que no tienen merecido ni debía de llegar a nuestro pensamiento, puesto que, por mucho que sirvamos, debemos merecerlo si hemos ofendido a Dios. ¡Oh humildad, humildad! No sé qué tanta puede ser la tentación, pues tengo casos como éste y no puedo acabar de creer que quien pide en estas sequedades, carezca de ella.

Dejo los grandes trabajos interiores que he dicho, poque son mucho más que falta de devoción. Probémonos a nosotras mismas, hermanas mías, o que nos pruebe el Señor, que lo sabe hacer muy bien, aunque muchas veces no queremos entenderlo, y vengamos a estas almas tan prudentes; veamos qué hacen por Dios, y luego veremos como no hay razón para quejarnos de su Majestad; porque si le volteamos la espalda, nos vamos tristes, como el joven del Evangelio, cuando dice lo que debemos hacer para ser perfectos, ¿qué quiere que haga su Majestad, para dar un premio conforme al amor que le tenemos? Y este amor, hijas, no será fabricado en nuestra imaginación, sino probado por obras, y no penséis que necesita de nuestras obras, sino de la determinación de nuestra voluntad.

Nos puede parecer que ya está todo hecho, a quienes tenemos hábito por ser religiosas y que por nuestra voluntad lo seguimos y dejamos todas las cosas del mundo, aunque sean las redes de san Pedro. Es bueno tener la disposición y perseverancia en no volver con las sabandijas (tentaciones) de las primeras piezas, para alcanzar lo pretendido, aunque sea deseándolo pero sin dudar y siendo constantes en la transparencia y abandono de todo. Pero ha de ser con la condición de que se considere sierva sin provecho, como dicen San Pablo y Jesucristo. ¿Qué podemos hacer por un Dios tan generoso, que murió por nosotros y nos creó y nos da el ser, que no sea considerarnos afortunados con el hecho de que vaya descontando algo de lo que le debemos, por lo que nos ha servido? (de mala gana dije esta última palabra, pero es que eso es así porque no hizo otra cosa más cuando vivió en el mundo y le seguimos pidiendo favores y regalos).

Miren bien hijas, algunas cosas que aquí están apuntadas y que no sé cómo más expresarlas; el Señor les ayudará a entender, para que logren en las sequedades obtener humildad y no inquietud, que es lo que pretende el Demonio. Crean que adonde hay humildad real, aunque Dios nunca dé otros regalos, dará paz y conformidad con las que andarán más contentas que otros, a quienes la divina Majestad les da otros regalos por ser más débiles, aunque creo que ellos no los cambiarían por la sequedad de los fuertes. Somos más amigos de gozos que de cruz. Pruébanos tú, Señor, que sabes las verdades, para que nos conozcamos.

Capítulo II

Yo he conocido algunas almas, y creo que podría decir muchas, de las que han llegado a este estado y han vivido muchos años en esta rectitud y conjunto alma-cuerpo. Con ello se puede entender que ya podrían ser los "señores del mundo", o al menos muy desengañados de él, pero al probarlos su Majestad en cosas no muy complejas se han puesto en tanta inquietud y angustia en el corazón que me dejan desconcertada y temerosa.

No sé qué aconsejar porque como tienen tanto tiempo tratando la virtud, les parece que pueden enseñar a otros y hasta les sobran razones para sentir aquellas cosas. En fin, no he hallado remedio, ni sé cómo consolar a semejantes personas, a no ser mostrándoles gran aflicción por su pena, lo cual es verdad cuando se les ve con tanta miseria; tampoco se les puede contradecir su razón, porque todas las crean en su pensamiento, y apuntan a Dios, y por ello no acaban de entender que es su imperfección y es otro engaño por lo cual no se deberían espantar de que lo sientan, aunque a mi parecer habría de pasar rápido estos sentimientos.

Muchas veces Dios quiere que sus elegidos sientan su miseria y aparta un poco su favor, sin otro objetivo más que nos conozcamos bien y con rapidez. Luego se entiende esta manera de probarlos, porque ellos entienden su falta con mucha claridad y a la vez les da más pena ver que sienten cosas de la tierra. Esto lo considero como una gran misericordia por parte de Dios aunque también una ganancia de humildad en las personas de las que hablo pues canonizan en sus pensamientos, estas cosas y querrían que otros hicieran lo mismo. Quiero referirme a algunas de ellas para que nos entendamos y nos probemos a nosotras mismas antes que nos pruebe el Señor, porque sería una gran cosa que primero nos entendamos.

Una persona rica sin hijos y sin hacienda, pero en lo que le queda no le falta lo necesario para sí mismo y para su casa, y hasta tiene de sobra. Si esta persona anda con tanto ansiedad e inquietud, como si no le quedara un pan que comer, ¿cómo le puede pedir nuestro Señor que lo deje todo por Él?

Yo creo que Dios quiere más que yo me conforme con lo que su Majestad hace, y aunque me dé lo que puede faltar, mantenga quieta mi alma por sobre esta caridad. Y como no lo hace, porque el Señor no ha llegado a tanto ¡enhorabuena! Entienda que le falta libertad de espíritu, y con esto se dispondrá para que el Señor se la dé, porque se la pedirá.

Si a una persona que come bien y de sobra; se le ofrece poder adquirir más fortuna, lo tomará si se lo dan ¡enhorabuena que suceda! Y al conseguirlo quieren más y más, así sea muy buena su intención porque, como he dicho, estas personas virtuosas y de oración no tienen miedo de no llegar a las Moradas más cercanas al Rey.

De esta manera, si se les ofrece algo por lo cual los desprecien o les quiten un poco de honra, aunque Dios les hace el favor de que lo sufran bien muchas veces porque es muy amigo de favorecer la virtud en público, pero no padecen la misma virtud en que se les tiene, les queda una inquietud por no haberse inclinado al Señor. ¡Válgame Dios! ¿No son éstos quienes consideraban como padeció el Señor, lo bueno que es padecer y que aún lo desean? Querrían a todos tan decididos como ellos, y quiera Dios que no piensen que su pena es una culpa ajena y, en su pensamiento, se vuelva algo meritorio.

Les parece, hermanas, que hablo sin un propósito y no me dirijo a ustedes, porque estas cosas no suceden acá, donde no tenemos hacienda, ni la queremos, ni la pretendemos, ni tampoco nos injurian; por eso las comparaciones no se basan en lo que pasa, pero a partir de ellas imaginen otras muchas cosas que pueden pasar, de las que no sería bueno hablar ni es necesario. A través de estas cosas entenderán si están bien liberadas de lo que dejaron, porque siempre se dan ocasiones en que pueden probar muy bien y entender si son dueñas de sus pasiones.

Y créanme que el asunto no está en tener hábito de religión o no, sino en procurar ejercitar las virtudes y rendir nuestra voluntad a la de Dios en todo, y que el concierto de nuestra vida sea lo que su Majestad ordene de ella. No queramos nosotras que se haga nuestra voluntad, sino la suya. Aunque no lo hayamos alcanzado practiquemos la humildad que es el ungüento de nuestras heridas, porque si la hay de veras, aunque sea un poco tarde, llegará el cirujano, que es Dios, a sanarnos.

Las penitencias que hacen estas almas son tan ordenadas como su vida; quiéranlas mucho, para servir a nuestro Señor, porque todo esto no es malo y tengan discreción en hacerlas, porque no dañan a la salud. No tengan miedo de que se maten, porque su razón está centrada en sí mismas. No ha llegado aún el amor para sacar a la razón; qué más quisiera yo que la tuviésemos para no contentarnos con esta manera de servir a Dios y caminando a un paso con el que nunca terminaremos de llegar. Y como a nuestro parecer siempre andamos y nos cansamos, porque creemos que es un camino abrumador, sería muy bueno no perdernos. Pero ¿les parecería bien hijas que si yendo a una tierra desde otra pudiésemos llegar en ocho días, sería mejor andarlo en un año, por ventas y nieves y aguas y malos caminos? ¿No valdría más pasarlo de una vez?, porque hay de todo esto y hasta peligros de serpientes.

¡Oh, qué buenas pistas podré dar yo de esto! Y rueguen a Dios que haya pasado de aquí, porque muchas veces me parece que no. Como vamos con tanto seso, todo nos ofende, porque le tememos a todo, y así no buscamos pasar adelante, como si se pudiera llegar a estas Moradas pero que otros anden el camino. Pues esto no es posible, esforcémonos, hermanas mías, por amor del Señor. Dejemos nuestra razón y temores en sus manos, olvidemos esta flaqueza natural, que nos puede ocupar mucho. Cuiden estos cuerpos solo lo necesario mientras que nosotras sigamos caminando aprisa para ver al Señor, pues aunque el regalo que tienen es poco o ninguno, se puede caer en un engaño por el cuidado exagerado de la salud.

Yo sé que no se obtendrá más por esto y también sé que la cuestión no está en lo que toca al cuerpo; esto es lo de menos. El caminar del que hablo es con una grande humildad y si han entendido, aquí creo que está el daño de las que no van adelante. Que nos parezca haber andado pocos pasos y lo creamos así, y que los de nuestras hermanas nos parezcan muy presurosos, y que no sólo deseemos, sino que busquemos que nos tengan como las más ruines de todas.

Con esto, este estado es excelentísimo, y si no, en toda nuestra vida no estaremos en Él, con mil penas y miserias, porque, como no nos hemos dejado a nosotras mismas, es muy complicado y pesado, porque vamos muy cargadas de esta tierra con nuestra miseria y aquello que no permite seguir a los que suben hasta las habitaciones que faltan.

En éstas el Señor no deja de pagar como corresponde y con misericordia, porque siempre da mucho más de lo que merecemos al darnos alegrías mayores de las que podemos tener, a través de los regalos de la vida. Sin embargo, no creo que les dé mucho gusto, a no ser que alguna vez se les convide a ver lo que pasa en las demás Moradas porque están dispuestas a entrar en ellas.

Les parecerá que alegrías y gustos, es lo mismo. ¿Que para qué hago la diferencia en los nombres? A mí me parece que hay una razón muy grande y es que me puedo engañar. Les diré lo que entienda al respecto, en las cuartas Moradas, que vienen luego de éstas, porque como se va a declarar algo sobre los gustos que allí brinda el Señor, es más apropiado.

Aunque parece que no se puede aprovechar, podrá serlo para alguien que, entendiendo lo que es cada cosa, se esfuerce en seguir lo mejor, y eso es mucho consuelo para las almas a las que Dios toca (que si son humildes se moverán a dar las gracias) y confusión para las que les parece que lo tienen todo,.

Si hay alguna falta de esto, ha de darles un descubrimiento interior y sin propósito, pues la perfección no está en los gustos, sino en quien ama más, y lo mismo pasa con el premio mismo, y en quien mejor obre con justicia y verdad. Se preguntarán, ¿de qué sirve tratar acerca de estos regalos interiores y explicar cómo son, si es esto verdad como efectivamente lo es? Yo no lo sé pregúntenle a quien me lo ha mandado escribir, porque yo no estoy obligada a discutir con los superiores (ni sería bueno hacerlo), sino a obedecer. Lo que les puedo decir con certeza es que cuando yo no sabía por experiencia (ni pensaba saber en mi vida, sobre la felicidad que sería para mí saber o entender que agradaba a Dios en algo) leía en los libros de estos dones y consuelos que hace el Señor a las almas que le sirven y esto era motivo para que mi alma alabara inmensamente a Dios.

Pues si mi alma, siendo tan ruin, lograba esto, las buenas y humildes le alabarán mucho más, y es muy bueno expresar mi opinión y que entendamos la alegría y goces que nos perdemos por nuestra culpa. Más aún, si son de Dios porque vienen cargados de amor y fortaleza, con lo que se puede caminar con más liviandad e ir creciendo en las obras y virtudes. No piensen que es poco importante y que cuando no es nuestra falta el Señor es justo y su Majestad les dará por otras vías lo que les quite por éste, pues Él sabe que sus secretos están muy ocultos y, sin duda alguna, sabe lo que nos conviene más.

Me parece que nos sería de mucho provecho estudiar mucho en la pronta obediencia, quienes por la bondad del Señor estamos en este estado y que, como he dicho, les parece mucha misericordia el estar muy cerca de subir más. Aunque no sean religiosas sería algo grande, como lo hacen muchas personas, tener a quien acudir para luego no hacer en nada su voluntad porque es en lo ordinario en que nos dañamos, y no buscar otro de su mismo talante, como dicen, y que vaya con tanta moderación en todo, sino procurar a alguien que esté muy desengañado de las cosas del mundo, porque se puede aprovechar mejor y de gran manera tratar con quien ya lo conoce, para conocernos.

Algunas cosas que nos parecen imposibles, viéndolas en otros tan posibles y con la suavidad que las llevan, anima mucho y parece que con su vuelo nos atrevemos a volar, como hacen los hijos de las aves cuando les enseñan, que aunque no es de inmediato que logran dar un gran vuelo, poco a poco imitan a sus padres. Serán asertivas, por determinadas que estén, al no ofender al Señor y no meterse en ocasiones de ofenderle; porque como están cerca de las primeras Moradas, con facilidad podrán volver a ellas, porque su fortaleza no está fundada en tierra firme como con los que están ya ejercitados en padecer y conocen las tempestades del mundo. Hay que temerlas muy poco y no desear sus alegrías; cabría la posibilidad de que con una gran persecución se volviera a ellos porque saben bien como urdir con el Demonio para hacernos mal y que, al ir con eficacia queriendo quitar pecados ajenos, no lo resistiéramos nosotras.

Miremos nuestras faltas y dejemos las ajenas que es lo que hacen muchas personas tan enfocadas en espantarse con todo. Por ventura, de quien nos espantamos, podríamos aprender en lo principal, pero en su apariencia exterior y en su forma de tratar creemos que le llevamos ventajas. No es esto lo más importante, aunque es bueno, ni queramos luego que todos vayan por nuestro camino, o ponernos a enseñar lo del espíritu sin saber qué cosa es, porque con los deseos que nos da Dios, del bien de las almas, podemos cometer muchos errores y así es mejor repasar lo que dice nuestra Regla: "en silencio y esperanza procuren vivir siempre, que el Señor cuidará de sus almas" y no nos descuidemos en suplicarlo a su Majestad, porque sacaremos mucho provecho con su favor. Sea por siempre bendito.

Moradas Cuartas

Catedral de Santa Teresa de Ávila

en Amos, Quebec

Capítulo I

S.TERESIA

Para comenzar a hablar de las cuartas Moradas me he encomendado al Espíritu Santo y le supliqué que de aquí adelante, hable por mí para decir algo de las moradas que me quedan por delante, de forma que lo entiendan, porque comienzan a ser cosas sobrenaturales, y es dificilísimo de dar a entender. Si su Majestad no lo hace, como en otra parte que ya escribí, unos catorce años atrás, aunque me parece que ahora tengo un poco más luz acerca de estas dádivas que el Señor hace en algunas almas, es diferente el saberlas decir.

Hágalo su Majestad, si ha de conseguir algún provecho, y si no, no. Como estas Moradas se acercan más a donde está el Rey, su hermosura es grande, y hay cosas delicadas para ver y entender, que el entendimiento no es capaz de dar un esbozo o algo que siquiera sea tan justo como para que no comprendan quienes no tienen experiencia, pero quien la tiene lo entenderá, en especial si es mucha.

Parecerá que para llegar a estas Moradas se ha de haber vivido en las otras mucho tiempo y, aunque lo común es que se debe haber estado en la que acabamos de describir, no es regla cierta, como ya habréis oído muchas veces, porque el Señor otorga cuando quiere, como quiere y a quien quiere, como bienes suyos, sin hacer agravio a nadie.

En estas Moradas pocas veces entran las tentaciones de los sentidos, y si entran no hacen daño, aunque pueden dejar ganancia; de hecho, creo que es mejor cuando entran y dan guerra en este estado de oración, porque el Demonio podría engañar, a consecuencia de los gustos de Dios si no hay tentaciones; así harían mucho más daño que cuando las hay y el alma no ganaría tanto, cuando se apartan todas las cosas que le darían ese merecimiento, dejándola en un ena-jenamiento ordinario. No me parece posible que el espíritu del Señor esté en un ser en este destierro.

Hablando de lo que dije que diría aquí sobre la diferencia que hay entre contentos y gustos en la oración, me parece que se pueden llamar contentos a los que adquirimos con meditación y peticiones a nuestro Señor, que procede de nuestras capacidades, aunque Dios les ayudaría, porque per-mite entender como ya lo dije y sin Él no podemos nada, pero nacen de la misma obra virtuosa que hacemos, y parece que hemos ganado el trabajo, y con razón nos contenta habernos ocupado en semejantes cosas. Pero si lo consid-eramos mejor, ternemos los mismos contentos en muchas cosas que nos pueden suceder en la tierra como, por ejemp-lo: en una gran hacienda de la que nos proveemos; al ver de pronto a una persona que amamos mucho; al acertar en un negocio importante y cosa grande, de la que todos hablan bien; como si a alguna le hubieran dicho que ha muerto su marido, hermano o hijo, y lo ve llegar vivo.

Yo he visto derramar lágrimas de un gran contento, y me ha sucedido alguna vez. Me parece que hay contentos que son naturales, como también hay los que nos da la oración y son más nobles. Lo primeros comienzan en nosotros mis-mos y acaban en Dios; mientras los gustos comienzan de Dios, y los siente nuestra naturaleza, y goza tanto de ellos como gozan de los que he hablado y mucho más. ¡Oh Jesús, qué deseo tengo de saber explicarme en todo esto! Porque entiendo que hay mucha diferencia entre ambos pero mi ser no alcanza para darme a entender, entonces hágalo usted Señor. Ahora recuerdo el verso de un Salmo, que dice: Cun dilatasti cor meum (¡Cómo dilataste mi corazón!).

Para quien tiene mucha experiencia, esto es suficiente; no necesita más para ver la diferencia que hay entre lo uno y lo otro. Los contentos que se han comentado, no ensanchan el corazón, más bien parece que aprietan un poco, aunque con alegría de ver que todo se hace por Dios y hasta llegan algunas lágrimas desalentadas que de alguna forma parece que las mueve la pasión. Yo sé poco de estas pasiones del alma y quizás me dé a entender, y así mismo con lo que procede de la sensualidad y de nuestra naturaleza, porque soy muy torpe y sabría explicarme si hubiera pasado por ello y lo entendiera. Entiéndase que el saber y las letras son gran cosa para todo.

Lo que tengo de experiencia en este estado y acerca de estos regalos y contentos en la meditación, es que si comenzaba a llorar por la pasión, no sabía cómo terminar hasta que se me quebraba la cabeza, lo mismo por mis pecados. Bastante favor me hacía nuestro Señor, y no quiero ahora examinar qué es mejor si lo uno o lo otro, pero sí quisiera decir sobre la diferencia de lo uno con lo otro. Hacia estas cosas, algunas veces, van estas lágrimas y estos deseos con ayuda de nuestra naturaleza y la disposición que tengamos; pero, al final, todo va a parar en Dios. Eso se debe tener muy en cuenta, si hay humildad para comprender que no son mejores por eso; porque no se puede entender si todos estos efectos son producto del amor, y cuándo esto es otorgado por Dios.

Las mayoría de las almas tienen estas devociones de las Moradas pasadas, porque casi siempre caminan con el entendimiento y la meditación; y van bien, porque no han tenido más, aunque acertarían si se ocuparan un rato en hacer actos y alabanzas de Dios, en regocijarse con su bondad y desear su honra y gloria, como sea que pudieran hacerlo, porque así despierta mucho la voluntad; y estén atentos, cuando el Señor les dé esto otro y no dejen acabar la meditación que tienen de costumbre.

Como me he alargado mucho en decir esto en otras partes, no lo diré aquí. Sólo quiero que estén advertidas, puesto que para aprovechar mucho en este camino y subir a las Moradas que deseamos (como el asunto no está en pensar mucho sino en amar mucho) tienen que hacer lo que más las despierte a amar. Quizás no sabemos qué es amar y no me espantaré mucho, porque esto no está en el mayor de los gustos, sino en la mayor determinación de querer contentar a Dios en todo y tratar, en lo que podamos, de no ofenderlo, rogándole que vaya siempre adelante la honra y la gloria de su Hijo y el aumento de la Iglesia Católica.

Éstas son las señales del amor y no piensen que el asunto está en no pensar otra cosa y que si se divierten un poco todo está perdido. Yo he andado en este bullicio del pensamiento bien apretada algunas veces, y hace poco más de cuatro años que vine a entender por experiencia que el pensamiento o la imaginación, no es entendimiento; se lo pregunté a un letrado, y me dijo que era así. Me contentó mucho eso porque el entendimiento es una de las potencias del alma, se me hacía cosa recia estar tan atolondrada a veces, y lo común es que el pensamiento vuele tan rápido, que sólo Dios lo puede atar. Cuando nos ata así parece que estamos, de alguna manera, desatados de este cuerpo.

Yo ví, según me pareció, a las energías del alma empleadas

en Dios y estar recogidas con Él, y, a la vez, el pensamiento alborotado: aunque parezca tonta. ¡Oh, Señor, toma en cuenta todo lo que pasamos en este camino por no saber! Y es malo que aún no sepamos preguntar a quienes saben, ni entendemos qué es lo que se debe preguntar, porque no entendemos que debemos ir más allá que solo pensar en ti. Por eso pasamos terribles trabajos, porque no nos entendemos y lo que no es malo sino bueno, nos da mucha culpa.

De aquí provienen las aflicciones de mucha gente que hace Oración y las quejas de los trabajos interiores por parte de personas que no son letradas, y vienen las melancolías y se pierde la salud, y se deja todo, porque no consideran que hay un mundo acá dentro. Así como no podemos tener el movimiento del cielo, porque anda a toda velocidad, tampoco podemos tener nuestro pensamiento; y luego metemos todas las energías del alma con él, y nos parece que estamos perdidas y gastando mal el tiempo cuando estamos delante de Dios.

El alma, por fortuna, está toda junta con Él, en las Moradas muy cercanas, mientras el pensamiento en la barriada del Castillo, padeciendo con mil bestias, fieras y ponzoñosas, y mereciendo gracias a este padecer. Y así, no nos perturba, que es lo que pretende el Demonio; y, por otra parte, todas las inquietudes y trabajos vienen de esto que no entendemos.

Escribiendo esto, tengo en consideración lo que pasa en mi cabeza y el gran ruido que hay en ella, de lo que hablé al principio y por donde se me hizo casi imposible poder hacer lo que me mandaban a escribir. Parece que están allí muchos ríos caudalosos, y, a la vez, que estas aguas se precipitan; también muchos pajarillos y silbidos, pero no en los oídos, sino en lo superior de la cabeza, a donde dicen que está lo superior del alma.

Yo estuve allí mucho tiempo, por creer que el inmenso movimiento del espíritu hacia arriba, subía a gran velocidad. Rueguen a Dios que me acuerde en las próximas Moradas decir la causa de esto, porque aquí no viene bien, y tal vez ha querido el Señor darme este dolor de cabeza para entenderlo mejor, porque con todo este bullicio dentro de ella, no me estorba para la oración ni para lo que estoy diciendo, sino que el alma está muy entera en su quietud, amor, deseos y conocimiento claro.

Si en lo superior de la cabeza está lo superior del alma, ¿cómo no la perturba? Eso no lo sé yo, pero sé que es verdad lo que digo. Da pena cuando no es la oración con suspensión porque entonces no se siente ningún mal, hasta que se pasa, pero muy mal sería que por este impedimento yo dejara todo. Entonces no es bueno que por los pensamientos nos perturbemos; no nos importe eso, pues si los pone el Demonio cesarán con esto; y en caso de que provengan de la miseria que nos quedó del pecado de Adán (entre muchas otras) tengamos paciencia y suframos por amor de Dios.

Como estamos también sujetas a comer y dormir, sin poder evitarlo y es un gran trabajo, conozcamos nuestra miseria y deseemos ir a donde nadie nos menosprecia. Algunas veces recuerdo haber oído eso, de la Esposa en los Cantares, y no encuentro donde mejor se pueda decir, porque todos los menosprecios y trabajos que puede haber en la vida no creo que lleguen a estas batallas interiores.

Cualquier desasosiego y guerra se puede sufrir hallando paz a donde vivimos, como ya he dicho, pero querer venir a descansar de los trabajos que hay en el mundo y que el Señor nos prepare el descanso, y que en nosotras mismas esté el estorbo, no deja de ser muy penoso e insufrible. Por eso, ¡llévanos Señor, a donde no nos menosprecien estas miserias que parecen burlarse, algunas veces, del alma!

Esta vida la libra el Señor de todo eso cuando se ha llegado a la última Morada, como diremos, si Dios se da por servido. Y no les dará a todos tanta pena estas miserias, ni los atacarán, como me hicieron a mi durante muchos años por ser tan ruin al punto de parecer que yo me quería vengar de mí. Y como fue penoso para mí, pienso que quizá será así para ustedes, por eso no dejo de repetirlo por si acertase alguna vez a que puedan entender que es una cosa inevitable, y no se inquieten o aflijan, sino que dejen trabajar a esta pieza del molino, y molamos nuestra harina sin dejar de obrar la voluntad y el entendimiento.

Puede haber más o menos en este estorbo, conforme a la salud y a los tiempos. Que lo padezca nuestra alma aunque no tenga culpa en esto pues en otras ocasiones si la tendremos, y necesitaremos paciencia. No basta con lo que leemos y nos aconsejan, que pudiera resumirse en que no hagamos caso de estos pensamientos. Para quienes poco sabemos no me parece tiempo perdido todo lo que invierto en decirlo y consuélense en este caso; pero solo, hasta que el Señor quiera dar luz, se aprovecha un poco. Es importante, y su Majestad lo quiere, que pongamos los medios y entendamos, que en lo generado por una débil imaginación, la naturaleza y el demonio, no culpemos al alma.

Capítulo II

¡Válgame Dios, en lo que me he metido! Ya había olvidado de lo que trataba, porque los negocios y salud me hacen dejarlo al mejor tiempo, y como tengo poca memoria, irá todo desordenado, por no poder volverlo a leer. Al menos es lo que siento.

Me parece que hablaba sobre los consuelos espirituales. Como algunas veces van envueltos en nuestras pasiones, traen consigo alborotos de sollozos. He oído a personas a las que se les aprieta el pecho, buscan muestras exteriores, y es la fuerza que les hace salir sangre por la nariz y otras cosas así de penosas. De esto no sé decir nada, porque no he pasado por ello, pero debe quedar consuelo, porque como dije, todo está encaminado al deseo de contentar a Dios y gozar de su Majestad.

Los que yo llamo gustos de Dios, que los he nombrado en otra parte como "oración de quietud", es muy diferente, como entenderán las que lo han probado por la misericordia de Dios. Para que entiendan mejor, vemos dos fuentes con dos pilas que se llenan de agua. No encuentro cosa más acorde que el agua para hablar sobre algunas de espíritu. Como sé poco y el ingenio no ayuda, además de ser tan amiga de este elemento (que he observado con más detenimiento que otras cosas entre todas las que creó un Dios tan grande y tan sabio) debe haber muchos secretos, de los cuales podemos sacar aprovecho y así lo hacen los que lo entienden, aunque creo que en cada cosita que Dios creó hay más de lo que se entiende, aunque sea una hormiguita.

Volviendo a las dos pilas, éstas se llenan de agua de diferentes maneras: una fuente viene de más lejos por muchos cauces y engaños; la otra está en el mismo nacimiento del agua, y se va llenando sin ningún ruido. Como el manantial es caudaloso, después de llenarse este pilón queda un gran arroyo. No se requiere ningún artificio, porque siempre está emanando agua de allí. La diferencia es que la que viene por cauces serían, a mi parecer, los contentos que se sacan con la meditación, porque los traemos con los pensamientos, ayudándonos con las criaturas de la meditación y cansando al entendimiento. Y como viene con nuestras diligencias, hace ruido cuando se colma de los provechos que hace en el alma, como he dicho.

En la otra fuente, el agua viene de su mismo nacimiento que es Dios y así como su Majestad cuando se da por servido, quiere hacer algún regalo sobrenatural, produce gran paz, quietud y suavidad en lo muy profundo de nosotros mismos. Yo no sé hacia dónde apunta, ni cómo se siente aquel contento y deleite en un principio, porque después todo lo llena: se va rebosando esta agua en todas las Moradas y energías, hasta llegar al cuerpo, y por eso dije que comienza en Dios y acaba en nosotros, pues como verá quien lo ha probado, todo el hombre exterior goza de este gusto y suavidad.

Yo estaba ahora mirando este verso en el que dije: Dilatasti cor meum, en el cual dice que se ensanchó el corazón, y no me parece que la cosa es como digo, que su nacimiento sea en el corazón, sino en otra parte más interior, más profunda. Pienso que debe ser el centro del alma, como después he entendido y diré al final, donde ciertamente veo secretos en nosotros mismos que me traen espantada muchas veces, ¡y cuánto más debe haber! ¡Oh Señor mío y Dios mío, qué grandes son vuestras grandezas! Y andar acá como unos pastorcillos bobos, a los que nos parece alcanzar algo de ti, debe ser insignificante, porque en nosotros mismos hay grandes secretos que no entendemos. Digo tan insignificante, para lo mucho que hay en ti, porque no son enormes las grandezas que vemos y de lo que podemos alcanzar de tus obras. Tornando el verso para aprovecharlo es que en aquel ensanchamiento se comienza a producir el agua celestial de este manantial que menciono. En lo profundo de nosotros, parece que se va dilatando y ensanchando todo nuestro interior y produciendo unos bienes que no se pueden decir, ni aún el alma sabe entender qué es lo que se da allí.

Entiende a una fragancia como si en aquella profundidad interior hubiese un brasero adonde se echan perfumes olorosos; no se ve dónde está la lumbre, pero el calor y el humo olorosos penetran toda el alma, y como he dicho muchas veces, participa el cuerpo. Miren, entiéndanme, que no se siente calor ni se percibe olor, qué otra cosa puede ser más delicada que ésta para dársela a entender. Entiendan las personas que no han pasado por esto que esto sucede así y el alma lo entiende más claro de lo que yo lo digo ahora. Esto no es algo de lo que se puede antojar, porque sea lo que sea que hagamos, no lo podemos adquirir y así mismo se ve que no es algo de nuestra materia, sino de la sabiduría divina que es oro puro. A mi parecer, aquí no están unidas las energías, sino impregnadas y preguntándose espantadas ¿qué es aquello?

Podrá ser que, en las cuestiones interiores, me contradiga algo con lo que he dicho en otras partes; no es de extrañar, porque durante casi quince años después de haberlo escrito, quizás el Señor me ha dado más claridad en estas cosas, de las que entonces entendía. Digo lo que entiendo y podría errar en todo, pero no mentir pues antes pasaría mil muertes (y que Dios tenga misericordia de mi).

Me parece que la voluntad debe estar unida de alguna forma con la de Dios y es en los efetos y obras que se conocen estas verdades de oración porque no hay mejor crisol para probarse. Muy grande es el regalo de nuestro Señor si lo conoce quien lo recibe, y muy grande si no vuelve atrás. Luego querrán hijas mías, desear saber cómo alcanzaremos estos favores, porque como ya he dicho, pero es algo que no termina de entender el alma, allí las hace el Señor y con mucho amor las va acercando más hacia Sí.

Yo les digo lo que al respecto he entendido. Dejemos de hacerlo cuando el Señor es servido, porque Él quiere y no por demasía; Él sabe el por qué y no nos hemos de meter en eso. Después de hacer lo que se corresponde en las Moradas pasadas, que es humildad y humildad, el Señor se brinda lo que de Él necesitemos. La forma en que sabrán si tienen humildad es no pensando en que merecéis esos regalos y gustos del Señor, ni los tienen en su vida.

Me dirán que ¿cómo se pueden alcanzar sin buscarlos? Y les respondo que no hay otra mejor manera que esa y por las siguientes razones: primero, porque es necesario, como punto de partida, amar a Dios sin interés; segundo, porque es muy humilde pensar que por nuestros miserables servicios se puede alcanzar algo tan grande; tercero, porque el verdadero mecanismo para lograr esto es el deseo de padecer y de imitar al Señor, y no el deseo por los gustos, con los que, a la final, ya le hemos ofendido; cuarto porque su Majestad no está obligado a dárnoslos, como tampoco lo está en darnos la gloria si tenemos presentes sus mandamientos, aunque sin esto nos podremos salvar, pues Él sabe mejor que nosotros lo que nos conviene y quién lo ama de verdad (es algo cierto y yo lo sé pues conozco personas que van por el camino del amor como han de ir, sólo sirviendo a su Cristo crucificado, y que no le piden gustos no los desean y hasta suplican que no se los dé en esta vida); quinto porque trabajaremos en balde, pues como no habrá que conducirse esta agua por cauces, como la pasada, si el manantial no la quiere producir, poco provechoso será que nos cansemos. Con todo esto quiero decir que, aunque más meditación tengamos, o más nos presionemos y tengamos lágrimas, esta agua no viene por esa vía. Sólo la da Dios a quien quiere e incluso cuando más descuidada está el alma, muchas veces.

Somos suyas, hermanas y hace lo que quiere de nosotras y que nos lleve por donde sea servido. Yo creo que quien de verdad se humilla y suelta todo (digo de verdad porque no puede ser solo por nuestros pensamientos ya que muchas veces nos engañan, sino que soltemos del todo) el Señor no dejará de hacerle favores y mucho más de lo que no sabríamos desear. Sea por siempre alabado y bendito. Amén.

Capítulo II

Los efectos de esta oración son muchos, les diré algunos. Primero les diré sobre otra manera de oración que, casi siempre, comienza primero que ésta, y por haberla dicho en otras anteriormente, hablaré poco de ella. Es un ejercicio de introspección que también me parece sobrenatural, porque no es estar a oscuras, ni cerrar los ojos, ni tiene que ver con cosa exterior, pues sin quererlo se hace esto de cerrar los ojos y desear soledad. Sin artificios, parece que se va labrando el edificio para la oración que queda dicha, porque es como que los sentidos y las cosas van perdiendo su derecho, mientras el alma va recobrando el suyo, que tenía perdido.

Dicen que el alma se entra dentro de sí y otras veces se sube sobre sí. Por estas expresiones no sabré aclarar nada. De la forma que lo sé decir pienso que me han de entender, aunque quizá será solo para mí. Hagamos de cuenta que estos sentidos y energías, de los cuales ya he dicho que son los habitantes de este Castillo (el ejemplo que he tomado para ilustrar eso) se han ido fuera y andan durante días y años con gente extraña, enemiga del bien de este Castillo. Viendo su perdición, se acercan a él sin acabar de entrar (porque esta costumbre es una cosa tremenda) andando alrededor.

Una vez que el gran Rey ha visto que ya está en la Morada de este Castillo con su buena voluntad, por su gran misericordia los quiere tornar como hace todo un buen pastor. Lo hace con un silbido tan suave que ellos mismos casi no lo entienden, para que conozcan su voz, no anden tan perdidos y vuelvan a su Morada. Tiene tanta fuerza este silbido del pastor, que se desatienden las cosas exteriores, con las que estaban enajenados, y se meten en el Castillo. Me parece que esto nunca lo he dado a entender como ahora porque buscar a Dios en lo interior, donde se halla mejor y más a nuestro provecho que en las criaturas (como dice san Agustín que le halló, después de haberle buscado en muchas partes) es de gran ayuda cuando Dios hace este gran favor.

Y no piensen que es por el entendimiento adquirido, buscando pensar dentro de ustedes acerca de Dios, ni por la imaginación, imaginándolo en sí; bueno esto es una excelente manera de meditar, porque se funda sobre la verdad referida a que Dios está dentro de nosotros mismos, pero no es esto, porque esto cada uno lo puede hacer (con el favor del Señor se entiende todo). Mas lo que digo es una manera diferente y gracias a la cual, algunas veces, antes que se comience a pensar en Dios esta gente ya está en el Castillo y no sé por dónde o cómo oyó el silbido de su pastor, porque no fue por los oídos (por allí no se oye nada) pero se siente notablemente una contracción suave en el interior, como verá quien pase por ello porque yo no lo sé aclarar mejor. Me parece haber leído que podría semejarse a un erizo o una tortuga cuando se retraen hacia sí y así lo debió entender quien lo escribió; sin embargo, ellos se entran cuando quieren pero acá no depende de nuestro deseo, sino de cuándo Dios quiera hacernos estos favores.

Tengo entendido que cuando su Majestad los hace a personas que van dejando las cosas del mundo (no digo que quienes tienen este estado sea por obra porque no pueden, sino que solo lo desean) Él los llama particularmente para que estén atentos a su interior. Y si así queremos dar lugar a su Majestad no dará sólo esto a quien comienza a llamar para más. Alábelo mucho quien entienda esto dentro de sí, porque hay una gran razón en conocer los favores; y por las gracias hechas harán que se disponga para otras mayores. Es la disposición para poder escuchar, como se aconseja en algunos libros, la que se debe procurar no dejar andar, sino estar atentos a ver qué obra hace el Señor en el alma. Si su Majestad no ha comenzado a empaparnos, no puedo entender cómo se pueda detener el pensamiento de manera que no haga más daño, aunque ha sido una contienda bien discutida entre algunas personas espirituales. De mí parte confieso, con mi poca humildad, que nunca me han dado suficiente razón para que me rinda a lo que dicen. Alguien me alegró con cierto libro del santo fray Pedro de Alcántara y creo que es a quien yo me rendiría, porque sé que lo sabía y lo leímos. Lo mismo que yo, aunque no con estas palabras, dice que ya ha de estar despierto el amor. Puede ser que yo me engañe, pero tengo estas razones:

La primera, que en esta obra espiritual, quien piensa menos y quiere hacer, hace más. Lo que debemos hacer es pedir como pobres necesitados delante de un emperador grande y rico, y luego bajar los ojos y esperar con humildad. Cuando parece que entendemos que nos oye, a través de sus caminos secretos, entonces es bueno callar, pues ya nos ha dejado estar cerca de Él, y no estaría demás intentar no obrar con el entendimiento, en la medida de nuestras posibilidades, aún más si no entendemos que este Rey nos ha oído y no debemos estar como bobos porque el alma queda harta cuando se hace esto, y queda mucho más seca y más inquieta la imaginación con la fuerza que se ha hecho de no pensar nada. El Señor lo que quiere es que le pidamos y consideremos estar en su presencia porque ya sabe lo que nos cumple. Yo no puedo convencerme con asuntos humanos en cosas a las que su Majestad parece que les puso límite, y las quiso dejar para Sí, pero dejó otras muchas con las que podemos tratar gracias a su ayuda y hasta adonde nuestra miseria pueda, sea con penitencias, obras y oración.

La segunda razón es que estas obras interiores son todas suaves y pacíficas. Hacer una cosa penosa daña y no se aprovecha. Llamo penosa a cualquier presión que nos queramos hacer, como sería aquella para detener el aliento. Dejen el alma en las manos de Dios para que haga lo que quiera de ella, con el mayor descuido que puedan sobre su provecho y la mayor resignación a la voluntad de Dios.

La tercera es que el mismo cuidado que se pone en no pensar nada, quizás despertará el pensamiento a pensar mucho.

La cuarta es que lo más importante y agradable para Dios es recordar su honra y gloria, mientras nos olvidamos de nosotros mismos, de nuestro provecho, regalos y gustos. Pues ¿cómo puede estar olvidado de sí el que con mucho cuidado está y no se arriesga a hervir, ni deja que su entendimiento y deseos hiervan para desear la mayor gloria de Dios ni se regocija de la que tiene? Cuando su Majestad quiere que el entendimiento cese lo ocupa de otra manera y da una luz en el conocimiento tan alta que hace quedar absorto. Entonces, sin saber cómo, ha recibido una mejor enseñanza que lo que pudiéramos hacer con todas nuestras diligencias con las que lo echaríamos a perder más. Dios nos dio las potencialidades para que con ellas trabajáramos y tener todo su premio; no hay para qué hechizarlas, sino más bien dejarlas hacer su oficio hasta que Dios las ponga en otro mayor.

Lo que entiendo es que al alma le conviene más (y es lo que ha querido meter a esta Morada el Señor) es lo que he dicho y que sin ninguna presión ni ruido intente atajar el andar del entendimiento ni el pensamiento, pero no los suspenda, sino que recuerde que está delante de Dios y quién es este Dios.

Si lo mismo que siente en sí le impregnara ¡enhorabuena! pero no intente entender lo que es, porque ha sido dado a voluntad; goce sin ningún artilugio más que algunas palabras amorosas porque aunque no intentemos estar aquí sin pensar nada, se ha estado muchas veces, por tiempo breve. Pero, como dije en otra parte, la razón de esta manera de oración (digo en la que comencé esta Morada, que he metido la de recogimiento con ésta que había de decir primero, y es mucho menos que la de los gustos que he dicho de Dios, sino que es principio para venir a ella, porque en la del recogimiento no se ha de dejar la meditación ni la obra del entendimiento en esta fuente manantial, que no viene por cauces) es que él se disponga o le haga disponerse a ver que no entiende lo que quiere, que anda de un lugar a otro como tonto y que nada da seguridad.

La voluntad es tan grande en su Dios, que le da gran pesadumbre su agitación; allí no es necesario hacer caso de eso, porque perderá mucho de lo que tiene, sino más bien soltarlo y dejarse estar en los brazos del amor, ya que su Majestad le enseñará lo que deba hacer en ese punto. Casi todo radica en verse indigna de tanto bien y ocuparse en agradecimientos.

Por tratarse de la oración contemplativa (meditativa), dejé los efectos o señales que reciben las almas, a quien Dios nuestro Señor le da esta oración. Así como cuando se ve un ensanchamiento en el alma, similar a cuando el agua que emana de una fuente no tiene cauce, sino que la misma fuente está construida de tal forma que, mientras más agua emana, más grande se hace el edificio, así parece que sucede con esta oración y muchas otras maravillas que logra Dios en el alma, a la cual habilita y va disponiendo, para que en ella quepa todo. Así, esta suavidad y ensanchamiento interior, se percibe en quien le queda para no estar tan estrecha, como antes, en las asuntos al servicio de Dios, sino con mucho más holgura. Así tampoco se aprieta con el temor del infierno, porque, aunque le queda mejor no ofender a Dios, el adulador se pierde aquí, se cree con más confianza de la que puede gozar. Quien solía tenerla haciendo penitencia cree ya que todo lo podrá en Dios, y tiene más deseos de hacerla. Va más sereno frente al temor que solía tener a los trabajos, porque está más viva su fe y entiende que, si los pasa por Dios, su Majestad le dará dones para que los sufra con paciencia e incluso algunas veces lo desee, porque queda una gran voluntad de hacer algo por Dios.

Como va conociendo más su grandeza, se considera más miserable; como ya ha probado los gustos de Dios, ve que es una basura lo del mundo; se va poco a poco apartando de ellos y es más dueña de sí misma para hacerlo. En fin, en todas las virtudes queda mejorada, no dejará de crecer si no retrocede y no comete ofensas hacia Dios, porque entonces todo se pierde, por muy arriba que esté un alma en la cumbre. Tampoco se entiende que por una o dos veces que

Dios haga estos favores a un alma, quedan todos los favores hechos si no continúa perseverando en recibirlas porque en esta perseverancia está todo nuestro bien.

Les aviso algo, a quien se vea en este estado, cuídese mucho de tener oportunidad para ofender a Dios, porque aquí el alma no está aún criada, sino que es como un niño que comienza a mamar, pero si se aparta de los pechos de su madre, ¿qué le puede esperar más que la muerte? Debe haber mucho temor en quien Dios ha hecho estos favores y se aparta de la oración; será así, si no hay una ocasión grandísima o si no vuelve de inmediato a ella, porque irá de mal en peor.

Yo sé que hay mucho que temer en este caso, conozco algunas personas que me tienen muy lastimada y he visto lo que digo porque se apartaron de quien, con tanto amor y por ser su amigo, les quería dar y mostrar a través de obras.

Aviso mucho que no se expongan a esas ocasiones, porque el Demonio se empeña más en un alma de éstas que en muchas otras a las que el Señor no hace estos favores, porque pueden ayudarlo arrastrando otras consigo, mientras que podrían ser de gran provecho en la Iglesia de Dios. Aunque no haya otra cosa sino ver las muestras de amor particular que da su Majestad y basta con que él se deshaga para que se pierdan. Así son muy combatidas y se pierden mucho más que otras, cuando se pierden.

Hermanas, ustedes están libres de estos peligros que podemos entender. Qué Dios las libre de soberbia, de vanagloria y de que el Demonio quiera deshacer estos favores; han de saber que no hará estos efetos, sino todo al revés.

Les quiero avisar de un peligro aunque se los he dicho antes, cuando vi caer a personas de oración, especialmente mujeres, porque como somos más débiles, hay más lugar para lo que voy a decir (algunas con mucha penitencia y oración y vigilias, y aún sin esto, son flacas por naturaleza).

Aun teniendo algún regalo, si las sujeta su naturaleza y sienten alegría interior pero decaimiento en lo exterior y flaqueza, cuando hay un sueño de los que llaman espirituales, les parecerá que lo uno es como lo otro y se dejarán asombrar; y mientras más lo permiten, se deslumbran más, porque se debilita aún más su naturaleza, y en su cerebro les parece un éxtasis. Yo lo llamo embobamiento, que no es otra cosa más que estar perdiendo tiempo allí (a una persona le pasaba que estaba ocho horas) porque ni están sin sentido ni sienten cosa de Dios. Por dormir, comer y no hacer tanta penitencia, se le quitó a esta persona porque alguien entendió que traía engañado a su confesor, a otras personas y a sí misma, pero que ella no quería engañar. Creo que el Demonio habrá hecho alguna diligencia para sacar ganancia de eso y no comenzaba a sacar poca.

Se entiende que cuando es un asunto verdaderamente de Dios, aunque haya decaimiento interior y exterior, no lo habrá en el alma o tendrá grandes sentimientos de verse muy cerca de Dios, y no durará tanto sino muy poco espacio. Se vuelve a dejar extasiar y en esta oración (cuando no es flaqueza, como he dicho) no llega al punto que derrote el cuerpo, ni provoque algún sentimiento exterior en él.

Por eso tomen este aviso pues cuando sientan esto en sí, díganselo al obispo, y diviértanse lo que puedan, y no tengan tantas horas de oración, sino muy pocas. Procuren dormir bien y coman, hasta que les vuelva la fuerza natural, si es que se perdió por aquí. Si está muy débil su ser, al punto que no le basta esto, créanme que Dios no la quiere sino para la vida activa porque de todo debe haber en los monesterios. Ocupen a esa persona en oficios y tengan siempre en cuenta que no esté mucho tiempo en soledad, porque llegará a perder del todo la salud.

Mucha mortificación será para ella. Aquí el Señor quiere probar el amor que le tiene por la forma en que lleva esta ausencia y le devolverá la fuerza después de algún tiempo. Si no es así, ganará con la oración hablada y con obedecer, además merecerá lo que debía merecer gracias a esto y por bonanza. También podría haber algunas con cabeza e imaginación tan débiles como yo las he conocido, que todo lo que está en su pensamiento creen que lo ven. Es muy peligroso y quizás se tratará de ello adelante, no más aquí.

Me he alargado mucho en esta Morada, porque es en la que más almas creo que entran, pero también acá el Demonio puede hacer más daño a diferencia de las que vienen, en las cuales el Señor no le da tanto espacio. Sea por siempre alabado, amén.

Moradas Quintas

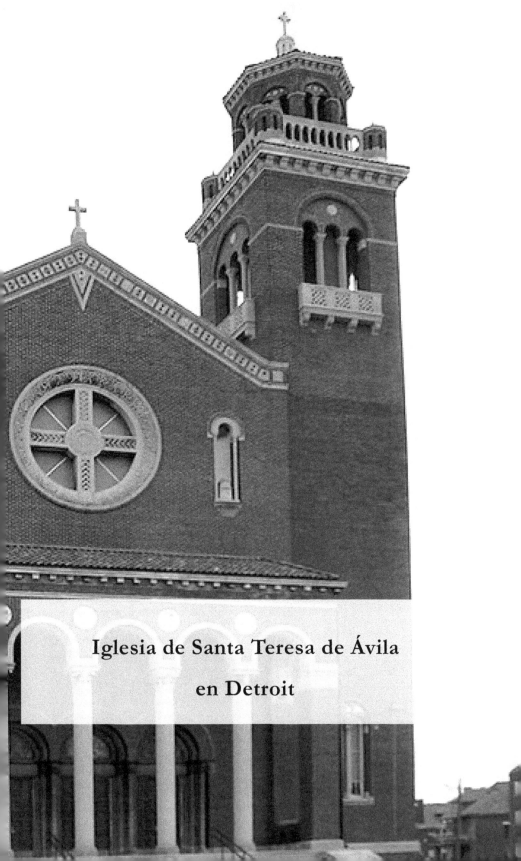
Iglesia de Santa Teresa de Ávila
en Detroit

Capítulo I

¡Oh hermanas! ¿Cómo les podría hablar yo sobre la riqueza, tesoros y deleites, que hay en las quintas Moradas? Creo que sería mejor no decir nada de las que faltan, pues no se ha de saber decir, ni el entendimiento lo sabe entender, ni las comparaciones pueden servir para declararlo, porque son muy bajas las cosas de la tierra para este fin.

Envía, Señor mío, luz del Cielo, para que yo pueda dar algo de esto tus siervas; pues eres servido cuando algunas de ellas disfrutan tan cotidianamente de estos gozos, para que no sean engañadas por el Demonio transfigurado en ángel de luz, pues todos sus deseos se emplean en desear tu alegría.

Y aunque dije algunas, hay muy pocas para entrar en esta Morada de la que ahora hablaré. Hay más y menos, y a esta causa digo, que son las más las que entran en ellas. En algunas cosas de las que diré aquí, sobre lo que hay en este aposento, creo que son pocas; pero solo con llegar a la puerta, es mucha la misericordia que hace Dios porque son muchos los llamados, pero pocos son los escogidos. Ahora digo que, aunque todas las que traemos este hábito sagrado del Carmen somos llamadas a la oración y la contemplación, porque este fue nuestro principio, de esta casta del Monte Carmelo que en gran soledad y con tanto desprecio del mundo buscaban este tesoro, la preciosa margarita de la que hablamos, solo pocas nos disponemos para que el Señor la descubra.

En cuanto a lo exterior, vamos bien para llegar a lo que es necesario; en cuanto a las virtudes, para llegar aquí necesitamos mucho, mucho, sin descuidarnos. Por eso, hermanas mías, deténganse antes de pedir al Señor, porque de alguna manera podemos gozar del Cielo en la tierra, que nos dé su favor para que no quede la culpa en nosotros, nos muestre el camino y dé fuerzas a nuestra alma para cavar hasta encontrar este tesoro escondido. Es verdad que lo hay en nosotras mismas y es lo que quiero dar a entender, si el Señor es servido que sepa.

Dije "fuerzas en el alma", porque entiendan que no hacen falta las del cuerpo a quien Dios Nuestro Señor nos la da; así como no se le imposibilita a ninguno comprar con sus riquezas, con que cada uno dé lo que tenga Él se contenta. ¡Bendito sea Dios tan gran!

Miren hijas, para esto que tratamos, Él no quiere que se queden con nada; sea poco o mucho, todo lo quiere para sí, y conforme a lo que entiende que ustedes han dado, se les harán mayores o menores favores. No hay mejor prueba para entender si nuestra oración llega a la unión o no.

No piensen que es una cosa soñada, como la pasada y digo soñada, porque parece que el alma está como adormecida, que parece no estar dormida ni despierta. Aquí, con estar todas dormidas, y bien dormidas, a las cosas del mundo y a nosotras mismas (porque de verdad, se queda como sin sentido aquello que dura poco, no hay poder para pensar, aunque así quieran), no es necesario suspender con algún artificio el pensamiento hasta amar. Si lo hace, no entiende cómo, ni qué es lo que ama, ni qué es lo que querría, en fin, como quien desde todo punto de vista ha muerto al mundo para vivir más en Dios. Esa es una muerte sabrosa, un desprendimiento del alma respecto de todas las operaciones que puede tener, estando en el cuerpo. Es deliciosa, porque de verdad parece que se aparta el alma del mundo, para estar mejor en Dios; de manera, que aún no sé si le queda vida para resoplar. Ahora que lo estoy pensando me parece que no o al menos, si lo hace, no se entiende si lo hace. Todo su entendimiento se querrá emplear en entender algo de lo que siente, y como no le alcanzan sus fuerzas para esto, se queda espantado, de manera que, si no se pierde del todo, "no menea pie ni mano", como acá decimos de una persona que está tan desmayada que nos parece como muerta.

¡Oh secretos de Dios! No me cansaría de ayudar para que se entendieran (aunque así diga mil desatinos) por si alguna vez atinase, para que alabemos mucho al Señor. Dije que no era cosa soñada, porque en la Morada que ha sido explicada, hasta que haya mucha la experiencia, queda el alma dudosa sobre qué fue aquello: si se le antojó, si estaba dormida, si fue algo dado por Dios, o si se trasfiguró el Demonio en ángel de luz. Es decir. queda con mil sospechas, y está bien que las tenga porque, como dije, aún el mismo ser nos puede engañar allí alguna vez porque aunque no hay tanto lugar para que entren las cosas ponzoñosas, algunas lagartijitas sí y como son agudas, por donde quiera se meten. Aunque no hacen daño, en especial si no se les hace caso, como dije, porque son pequeñitos pensamientos que proceden de la imaginación y de lo que queda dicho, pueden importunar muchas veces.

Aquí por más agudas que son las lagartijas, no pueden entrar en esta Morada; porque no hay imaginación ni memoria ni entendimiento que puedan impedir este bien. Y me atrevo a afirmar, que, si verdaderamente es unión de Dios, no puede entrar el Demonio, ni hacer algún tipo de daño porque su Majestad está tan junta y unido con la esencia del alma, que no se atreverá a llegar y ni debe entender este secreto. Y esto está claro porque se dice que si no entienden nuestro pensamiento, menos entenderán algo tan secreta que aún no lo confía Dios a nuestro pensamiento.

¡Oh, gran bien! ¡El estado adonde este maldito no nos hace mal! Así queda el alma con ganancias tan grandes, por obrar Dios en ella, sin que nadie le estorbe, ni nosotros mismos. ¿Qué no dará quien es tan amigo de dar y puede dar todo lo que quiere?

Parece que las dejo confusas al decir si es unión de Dios y que hay otras uniones. ¡Y es que sí las hay! Aunque sean cosas vanas, cuando se aman mucho, también las trasportará el Demonio, aunque no a la manera de Dios, ni con el deleite, o la satisfacción del alma, ni la paz ni el mismo gozo. Es sobre todos los gozos de la tierra, todos los deleites y todas las alegrías, y más, que no tiene que ver adonde se engendran estos contentos o los de la tierra porque es muy diferente su sentir, como lo han experimentado.

Yo dije una vez que es como si fueran con grosería en el cuerpo o en los tuétanos y lo acerté; no sé cómo decirlo mejor. Me parece que aún no las veo satisfechas, porque les parecerá que se pueden engañar, pues todo esto del interior es una cosa compleja de examinar. Aunque a quien ha pasado por esto le basta lo dicho, porque la diferencia es grande y les quiero describir una señal clara a través de la cual no se pueden engañar, ni dudar si fue de Dios porque su Majestad me la ha traído hoy a la memoria, y a mi parecer, es la cierta. Siempre en cosas difíciles, aunque me parece que lo entiendo y que digo verdad, digo "me parece" porque si me engañara, estaría muy dispuesta a creer lo que dijeran quienes son muy letrados. Porque aunque no hayan pasado por estas cosas, tienen un "no sé qué" de los grandes letrados, pues Dios los tiene para iluminar su Iglesia. Cuando es una verdad se las da para que se admita y si no son salpicados sino más bien siervos de Dios, nunca se espantan de sus grandezas, porque tienen claro que puede mucho más y más. Aunque algunas cosas no están declaradas, otras deben encontrase escritas, por donde ven que pueden pasar éstas.

De esto tengo una gran experiencia, y también la tengo con unos medio letrados espantadizos, que me han costado muy caro. Creo que quien no creyera en que Dios puede mucho más, y que se ha dedicado algunas veces a comunicarlo a sus criaturas, tiene bien cerrada la puerta para recibirlas. Por eso, hermanas, ojalá nunca les suceda algo que no sea creer de Dios mucho más y más, y no se empeñen en ver si son ruines o buenos a quien Él las hace, porque su Majestad lo sabe, como se los he dicho; no hay para qué meternos en esto, sino con simpleza de corazón y humildad servir a su Majestad y alabarle por sus obras y maravillas.

Pues tornando la señal que creo es la verdadera: ya ven esta alma a la que Dios ha hecho boba del todo para imprimir mejor la sabiduría en ella; ni ve ni oye ni entiende en el tiempo que está así, aunque siempre es breve, e incluso mucho más breve le parece a ella de lo que debe de ser. Se fija Dios a sí mismo, en lo interior de esa alma de tal manera que cuando vuelve en sí, no le queda duda de que estuvo en Dios y Dios en ella. Esta verdad le queda con tanta firmeza que, aunque pasen años sin que Dios lo tome para hacer ese regalo, ni se le olvida, ni puede dudar que estuvo. Dejemos por ahora, solo los efetos con los que queda, pues ya les hablaré más de ellos después; esto viene mucho al caso. Me preguntarán, ¿cómo es que lo vio o cómo lo entendió, si no ve ni entiende? No digo que lo vio entonces, sino que lo ve después claro; y no porque es visión, sino una certidumbre que queda en el alma, de las que sólo Dios puede poner.

Yo sé de una persona que no conocía la noticia de que Dios estaba en todas las cosas por presencia, potencia y esencia, y por un obsequio que le hizo Dios, lo vino a creer de tal modo que, aunque un medio letrado (de los que tengo dicho) a quien le preguntó cómo estaba Dios en nosotros (él lo sabía tan poco como ella antes que Dios se lo diese a entender) y quien le respondió que Él solo estaba por gracia, pues no le creyó, porque ya tenía fija la verdad. Incluso le preguntó a otros que le dijeron la verdad, con lo cual se consoló mucho.

No se engañen creyendo que esta certeza queda en forma corporal porque, tal y como el cuerpo de Nuestro Señor Jesucristo está en el Santísimo Sacramento, aunque no lo vemos; porque acá no queda así, sino en la Divinidad solamente. Pues ¿cómo lo que no vimos se nos queda con esa certidumbre? Eso no lo sé yo, son obras suyas, pero sé que digo la verdad, y quien no quedare con esta certidumbre, yo diría que no es unión de esa alma con Dios, sino alguna energía u otras muchas maneras de regalos de las que Dios da al alma.

Debemos dejar de buscar razones en todas estas cosas para ver cómo fue; pues nuestro entendimiento no alcanza paraa entenderlo, ¿para qué nos queremos desvanecer? Basta ver que es todopoderoso el que lo hace y pues somos nada, hagamos lo que hagamos para alcanzarlo, sino que es Dios el que lo hace y no queramos serlo para entender.

Ahora recuerdo, sobre esto que digo de que no somos algo, lo que dice la Esposa en los Cantares: -Me lleva el rey a la bodega del vino (o me mete, creo que dice). No dice que "ella se fue". Y dice también que andaba buscando a su Amado por una parte y por otra. Según entiendo yo, ésta es la bodega donde nos quiere meter el Señor, cuando quiere y cómo quiere, sin embargo, no podemos entrar por nuestra cuenta, hagamos lo que hagamos. Su Majestad nos mete y entra en el centro de nuestra alma para mostrar sus maravillas; no quiere que en ésta tengamos más voluntad que rendirse del todo, ni que se abra la puerta de las energías y sentidos porque todos están dormidos, pero que sí entren en el centro del alma sin ninguno de ellos, como entraron a sus discípulos, cuando dijo: Pas vobis (lo paso a ti) y salió del sepulcro sin levantar la piedra.

Adelante verán cómo su Majestad quiere que el alma goce en su propio centro y aún más que aquí, en la siguiente Morada. ¡Oh, hijas, cuánto más veremos si no queremos ver más de nuestra bajeza y miseria, y entender que no somos dignas de ser siervas de un Señor tan grande, cuyas maravillas no podemos alcanzar! Sea por siempre alabado, amén.

Capítulo II

Les parecerá que ya está todo dicho sobre lo que hay que ver en esta Morada, pero falta mucho, porque, como dije, hay más y menos. En cuanto a lo que es unión, no creo saber decir más, pero cuando el alma, a quien Dios hace estos regalos, se dispone, hay muchas cosa que decir de lo que el Señor obra en ellas; diré algunas de la manera que queda. Para darlo a entender mejor, me quiero aprovechar de una comparación que es buena para este fin; y también para que veamos cómo, aunque en esta obra que hace el Señor no podemos hacer nada más, para que su Majestad nos haga este regalo, hacemos mucho con disponernos. Ya han oído sus maravillas y en cómo se crea la seda y sólo Él pudo hacer semejante invención.

Cómo una simiente, a manera de granos de pimienta pequeños (esto es algo que yo nunca la he visto, sino oído, entonces si algo fuera torcido, no es mí culpa), con el calor comienza a haber hoja en los morares, así comienza esta simiente a vivir, y hasta que haya este mantenimiento del que se sustenta, se muera; y con hojas de morera se crían, hasta que, después de grandes, les ponen unas ramillas, y allí con las boquitas ellos mismos van hilando la seda, y hacen unos capullos muy apretados, adonde se encierran. Y este gusano, que es grande y feo, acaba y sale del mismo capucho una mariposita blanca muy graciosa.

Si esto no se viera sino que nos lo contaran de otros tiempos, ¿quién lo pudiera creer? ¿Ni con qué razones pudiéramos sacar que unas cosas tan sin razón como un gusano y una abeja, sean tan diligentes en trabajar para nuestro provecho y con tanta entereza, y que el pobre gusanillo pierda la vida en la demanda? Para un rato de meditación basta esto hermanas, aunque no les diga más. En ello pueden ver las maravillas y sabiduría de nuestro Dios. Pues ¿qué sería si supiésemos la propiedad de todas las cosas? De gran provecho es ocuparnos en pensar estas grandezas y regalarnos el ser las esposas de un Rey tan sabio y poderoso.

Volvamos a lo que decía: entonces comienza a tener vida este gusano, cuando con el calor del Espíritu Santo se comienza a aprovechar del auxilio general que a todos nos da Dios, y cuando comienza a aprovecharse de los remedios que dejó en su Iglesia. Así que a continuar las confesiones, como con buenas lecciones y sermones, que es el remedio que un alma puede tener cuando está muerta en su descuido, pecados y metida en ocasión de tentaciones.

Entonces comienza a vivir, y se va sustentando en esto y en buenas meditaciones, hasta que está crecida, que es lo que a mí me viene al caso, porque lo otro poco importa. Luego ha crecido este gusano, que es lo que en los principios queda dicho de esto que he escrito, comienza a labrar la seda y edificar la casa a donde va a morir. Quiero decir aquí que esta casa es Cristo. En una parte me parece he leído u oído que nuestra vida está escondida en Cristo, o en Dios, que todo es uno, o que nuestra vida es Cristo. Que sea así o no, poco vale para mi propósito.

¡Pues vean aquí hijas, lo que podemos llegar a hacer con el favor de Dios! ¡Que su Majestad misma sea nuestra morada, como lo es en esta oración de unión, labrándola nosotras! Parece que quiero decir que podemos quitar y poner en Dios, pero les digo que Él es la Morada, y nosotros la podemos fabricar para meternos en ella. Y ¡cómo sino podemos quitar de Dios ni poner, sino quitar de nosotros y poner como hacen estos gusanitos! Habremos acabado de hacer lo que podamos en esto todo, cuando este trabajillo, que no es nada, junte a Dios con su grandeza y le dé tan gran valor que el mismo Señor sea el premio de esta obra. Y así como ha sido el que ha puesto la mayor costa, así quiere juntar nuestros trabajillos con los grandes que padeció su Majestad y que todo sea una sola cosa. Pues hijas mías dense prisa a hacer esta labor y tejer este capuchito, quitando nuestro amor propio y nuestra voluntad, el estar asidas a ninguna cosa de la tierra, poniendo obras de penitencia, oración, mortificación, obediencia y todo lo demás que ya saben; así obraremos como sabemos y seremos enseñadas en lo que hemos de hacer.

Muera, muera este gusano, como lo hace al acabar de hacer aquello para lo que fue criado, y verán como vemos a Dios, y nos vemos tan metidas en su grandeza como lo está este gusanillo en este capucho. Miren que digo ver a Dios como he dicho que se da a sentir en esta manera de unión. Pues veamos qué se hace este gusano, que es para lo que he dicho todo lo demás; cuando está en esta oración, bien muerto para el mundo, y sale una mariposita blanca. ¡Oh, grandeza de Dios, y cual alma sale de aquí, luego de haber estado un poquito metida en la grandeza de Dios y tan junta con Él (a mi parecer nunca llega a media hora).

Yo les digo de verdad que la misma alma no se conoce así; porque miren la diferencia que hay de un gusano feo a una mariposita blanca, pues la misma hay acá. No sabe de dónde pudo merecer tanto bien, de dónde le pudo venir quise decir, porque bien sabe que no le merece; se ve con un deseo de alabar al Señor, que se quisiera deshacer y morir por Él mil muertes. Luego, comienza a tener de padecer grandes trabajos, sin poder hacer otra cosa. Los grandísimos deseos de penitencia, el de soledad, el de que todos conozcan a Dios y de aquí le viene una gran pena de ver que es ofendido. Aunque en la Morada que viene se tratará más sobre estas cosas en particular, porque casi lo que hay en esta Morada y en la que viene después es todo uno, es muy diferente la fuerza de los efectos; porque, como he dicho, si después que Dios llega a un alma, ésta se esfuerza a ir adelante, verá grandes cosas.

¡Oh, pues ver el desasosiego de esta mariposita, al haber estado más quieta y sosegada en su vida, es cosa para alabar a Dios! No sabe a dónde posar y hacer su asiento y todo lo que ve en la tierra le descontenta, en especial cuando son muchas las veces que le da Dios de este vino; casi de cada una queda con nuevas ganancias. Ya no tiene nada de las obras que hacía siendo gusano, al tejer poco a poco el capucho; ahora le han nacido alas, ¿cómo se ha de contentar andando paso a paso, pudiendo volar?

Se le hace poco todo cuanto puede hacer por Dios, según son sus deseos. No considera mucho lo que pasaron los santos, entendiendo ya por experiencia cómo ayuda el Señor y transforma un alma, porque no parece ella, ni su figura; pues la flaqueza que antes le parecía tener para hacer penitencia, ahora le parece fuerte. Las ataduras con deudos o amigos o hacienda (ni le bastaban ataduras, ni determinaciones, ni quererse apartar, que entonces le parecía se hallaba más cerca) ya se ven de manera que le pesa estar obligada a lo que debe hacer, para no ir contra Dios. Todo le cansa, porque ha probado que las criaturas no le pueden dar el verdadero descanso. Parece que me alargo, aunque mucho más podría decir. A quien Dios le hubiera hecho ese regalo verá que me quedo corta; así no hay que espantarse de que esta mariposilla busque asiento de nuevo, así como se halla nueva acerca de las cosas de la tierra. Pues ¿adónde irá la pobrecita?, porque no puede volver a donde salió que, como está dicho, no es en nuestra mano, aunque hagamos más, hasta que Dios sea servido de volver a hacernos este regalo.

¡Oh, Señor. ¡Qué nuevos trabajos comienzan a esta alma! ¿Quién dijera tal cosa después de un regalo tan alto? En fin, de una u otra manera, ha de haber una cruz mientras vivimos. Y quien diría que después que llegó aquí, siempre está con descanso y regalo. Yo diría que nunca llegó sino que, por ventura, fue algún gusto el entrar en la Morada pasada, fue ayudado por la flaqueza natural y, por ventura del Demonio, que le da paz para hacerle más guerra después.

No quiero decir que no tienen paz los que llegan aquí, porque sí la tienen y muy grande, porque los mismos trabajos son de tanto valor y de tan buena raíz que, al serlos muy grandes, de ellos mismos sale la paz y el contento. Del mismo descontento que dan las cosas del mundo nace un deseo tan penoso de salir de él que si tiene algún alivio es el pensar que Dios quiere que viva en este destierro. Y aún no basta, porque el alma, aún con todas estas ganancias, no está tan rendida a la voluntad de Dios, como se verá adelante. Aunque no deja de conformarse, es un gran sentimiento con el que no puede más, porque no le han dado más y cada vez que tiene oración esta es su pena y con muchas lágrimas. De alguna manera, quizá procede de una muy grande que le da al ver que Dios es ofendido, es poco estimado en este mundo, y de las muchas almas que se pierden, sea por herejes o por moros; aunque las que más lastiman son las de los cristianos, que aunque le parece que la misericordia de Dios es grande y por mal que vivan se pueden enmendar y salvarse, teme que se condenan muchas.

¡Oh, grandeza de Dios, qué pocos años y aún quizás días esta alma solo se acordaba de sí! ¿Quién la ha metido en tan penosos cuidados? Porque aunque queramos tener muchos años de meditación no lo podremos sentir tan penosamente como ahora esta alma lo siente. Pues, ¡válgame Dios!, si me ocupo en ejercitar, muchos días y años, en el gran mal que es ser Dios ofendido, y pensar que estos que se condenan son hijos suyos y hermanos míos, además de los peligros en que vivimos, ¿cuán bien nos hará salir de esta miserable vida? Que no, hijas. No es la pena que se siente aquí como las de acá pues eso, con el favor del Señor, podríamos tenerlo, pensando mucho esto; pero no llega a lo íntimo de las entrañas, como aquí que parece desmenuzar un alma y molerla, sin propiciarlo ella e incluso, a veces, sin quererlo.

¿Qué es esto? ¿De dónde procede? Yo se los diré. ¿No han oído algo que ya lo he dicho aquí otra vez, aunque no con este propósito de la Esposa a la que Dios metió a la bodega del vino, y ordenó el don en ella? Esto quiere decir que, como aquella alma ya se entrega en sus manos y el gran amor la tiene tan rendida, al punto de no querer sino que Dios haga lo que quisiera con ella.

Dios jamás hará esto, según lo que yo pienso, sino a un alma que considera suya; quiere que, sin que ella entienda cómo, salga de allí sellada con su sello, porque verdaderamente el alma allí no hace más que la cera cuando imprime otro el sello. Aunque la cera no se le imprime a sí sólo está dispuesta (digo blanda) y ni si quiera para esta disposición tampoco se ablanda ella, sino que se está quieta y lo consiente. ¡Oh, bondad de Dios, todo ha de ser a vuestra costa! Sólo quieren nuestra voluntad y que no haya impedimento en la cera.

Pues vean aquí hermanas, lo que nuestro Dios hace para que esta alma ya se conozca como suya: pues da de lo que tiene, que es lo que tuvo su Hijo en esta vida, y no nos puede hacer mayor regalo. ¿Quién más debía querer salir de esta vida? Y así lo dijo su Majestad en la Cena: "Con deseo he deseado". Pues ¿cómo, Señor, no se te puso delante la trabajosa muerte que has de morir, tan penosa y espantosa? -No, porque el gran amor que tengo y deseo de que se salven las almas, sobrepujan sin comparación a esas penas; y las muy grandes que he padecido y padezco, después que estoy en el mundo, son bastantes para no tener ésas nada de comparación.

Es así que muchas veces he considerado en esto (sabiendo yo el tormento que pasa y ha pasado cierta alma que conozco) de ver ofender a nuestro Señor, algo tan insufrible que se quiere mucho más morir que padecerlo. Y pensando que, si un alma con tan poquísima caridad comparada a la de Cristo (y que se puede decir casi ninguna en esta comparación) sentía este tormento tan insufrible, ¿cuál sería el sentimiento de nuestro Señor Jesucristo y qué vida debía pasar, pues todas las cosas que le eran presentes y estaba siempre viendo las grandes ofensas que se hacían a su Padre?

Sin duda creo yo que fueron mucho mayores que las de su consagradísima Pasión porque entonces ya veía el fin de estos trabajos, y con esto, y con el contento de ver nuestro remedio con su muerte, y demostrar el amor que tenía a su Padre en padecer tanto por Él, moderaría los dolores, como acaece acá a quienes con la fuerza de amor hacen grandes penitencias: no las sienten casi, y antes quisieran hacer más y más, y todo se le hace poco.

¿Pues qué sería a su Majestad, viéndose en tan gran ocasión, para mostrar a su Padre cuán cabalmente cumplía el obedecerle, y con el amor del prójimo? ¡Oh, gran deleite padecer mientras se cumple la voluntad de Dios! Sin embargo, al ver tan continuamente tantas ofensas hechas a su Majestad, y ver tantas almas que van al Infierno, tengo como cosa compleja, que creo, si no fuera más de hombre, un día de aquella pena bastaba para acabar muchas vidas, cuanto más una.

Capítulo III

Volvamos a nuestra palomita y veamos algo de lo que Dios da en este estado. Siempre se entiende que se debe procurar ir adelante en el servicio hacia nuestro Señor y en el conocimiento propio. Si no hace más que recibir estos favores dando por seguro todo, descuidando su vida y torciendo el camino del cielo (que son los mandamientos) le ocurrirá lo que le ocurre a la que sale del gusano: echa la simiente para que se generen otras, pero ella queda muerta para siempre. Digo que echa la simiente, porque creo que Dios quiere que no se dé en balde un don tan grande, sino que ya no se aprovecha de ella para sí, pero que sirva de provecho a otros. Porque como queda con estos deseos y virtudes ya dichas, el tiempo que permanece en el bien, siempre sirve de provecho a otras almas, y de su calor les da calor. Aún cuando ya está perdido, suele quedar con esas ganas de que otras se aprovechan, y le gusta dar a conocer los regalos que Dios hace a quien le ama y sirve.

Yo he conocido persona que le sucedió ansí; estaba muy perdida y le gustaba que otras se aprovecharan con los favores que Dios le había hecho y les mostraba el camino de oración a las que no lo entendían y así hizo dio mucho provecho a otros. Después la retornó el Señor para dar la luz. La verdad es que aún no tenía los efectos que quedan dichos. Pero ¿cuántos debe haber a quienes llama el Señor para el apostolado (como a Judas), comunicándose con ellos, o los llaman para ser reyes (como Saúl) y después por su culpa se pierden?

¿De dónde sacaremos hermanas, que para ir mereciendo más y más, y no perdernos como éstos? La seguridad que podemos tener es la obediencia y el no torcer la ley de Dios.

Aunque digo "a quien hiciere semejantes mercedes", pero podría decir "a todos". Me parece que queda algo oscuro, con todo lo que he dicho, en esta Morada y es porque hay tanta ganancia al entrar en ella que lo mejor sería, a quienes el Señor no les da cosas tan sobrenaturales, que no les parezca que quedan sin esperanza, porque la verdadera unión se puede alcanzar con el favor de nuestro Señor, si nos esforzamos en buscarla, así no hubiera voluntad, sino que estuviera ligada como fuera a la voluntad de Dios.

¡Ojalá que de ellos digamos esto, y nos parezca que no queremos otra cosa, y hasta moriríamos por esta verdad, como creo que ya he dicho! Pues yo digo, y lo diré muchas veces, que cuando suceda que hayan alcanzado estos favores del Señor, y ninguna cosa se les dé por esta otra unión regalada que queda dicha (donde lo que hay más preciado es el proceder de esta que ahora menciono), no se puede llegar a lo que queda dicho, si no es muy cierta la unión en la cual está resignada nuestra voluntad en la de Dios. ¡Oh, qué gran unión ésta para desearla! Venturosa el alma que la ha alcanzado, que vivirá en esta vida con descanso y en la otra también, porque ninguna cosa de lo que ocurra en la tierra la afligirá, o si se vé en algún peligro de perder a Dios, o verse ofendido, ni enfermedad, ni pobreza, ni muerte; si es de quien hace falta en la iglesia de Dios, porque Él ve bien a esta alma y sabe mejor que ella lo que le hace falta.

Han de notar, que hay penas y penas; porque algunas penas se producen de inmediato por la naturaleza; e igual con los contentos, e incluso con la caridad, al apiadarse de los prójimos, como hizo nuestro Señor cuando resucitó a Lázaro, y éstas no alejan la unión que existe con la voluntad de

Dios, ni tampoco perturban el ánima con una pasión inquieta, sin sosiego y que dura mucho. Estas penas pasan rápido puesto que, como dije de los gozos en la oración, parece que no llegan a lo hondo del alma sino a estos sentidos y energías. Andan por estas Moradas pasadas, mas no entran en la que está por venir. Pues para esto es necesario lo que se ha dicho sobre suspensión de energías.

¡Qué poderoso es el Señor de enriquecer las almas por muchos caminos hasta que llegan a estas Moradas, y no por el atajo que queda dicho! Pero estén muy advertidas, hijas, porque es necesario que muera el gusano y, más aún, a vuestra costa; porque aquí o allá ayuda mucho para morir verse en una vida tan nueva. Acá es necesario que, al vivir en ésta, lo matemos nosotras. Yo les confieso que será más trabajo y tiene más precio; pero así será mayor el galardón si tiene la victoria. Sin embargo, de ser posible, no hay que dudar como sea verdaderamente la unión, con la voluntad de Dios. Esta es la unión que he deseado toda mi vida; esta es la que pido siempre a nuestro Señor y la que está más clara y segura. Pero ¡ay de nosotros, qué pocos podemos llegar a ella! aunque le parezca que todo lo tiene hecho a quien se cuide de ofender al Señor y ha entrado en religión. ¡Cuidado porque quedan unos gusanos que no se dan a entender, hasta que, como aquel que royó la yedra a Jonás, nos han roído las virtudes con un amor propio, con una propia estimación, con juzgar a los prójimos aunque sea en pocas cosas, con falta de caridad con ellos, no queriéndolos como a nosotros mismos; aunque a duras penas cumplimos con la obligación para no cometer pecado, no llegamos lo suficiente a lo requerido para estar unidas del todo con la voluntad de Dios! ¿Qué pensáis, hijas, que es su voluntad? Que seamos del todo perfetas, para ser unos con Él y con el Padre, como su Majestad le pidió. ¡Mirá cuánto nos falta para llegar a esto!

Yo les digo que lo estoy escribiendo con mucha pena de verme tan lejos por mi culpa; que el Señor no necesita hacernos grandes regalos para esto; basta con habernos dado a su Hijo y que nos enseñara el camino. No piensen que la cuestión está en que si se muere mi padre o hermano me conformarme de tal manera con la voluntad de Dios que no lo sienta, o si hay trabajos y enfermedades, sufrirlos con alegría. Bueno más bien es y a la vez consiste en discreción; porque no podemos más y hacemos de la necesidad una virtud .¡Cuántas cosas de éstas hacían los filósofos o de otras, por tener mucho saber!

Acá sólo estas dos nos pide el Señor: amor a su Majestad y al prójimo, es en lo que hemos de trabajar; cuidándolas con perfección hacemos su voluntad y estaremos unidos con Él. Pero ¡qué lejos estamos de hacer lo que debemos a un Dios tan grande y que son estas dos cosas, como lo he dicho! Rueguen a su Majestad para que nos dé gallardía y merezcamos llegar a este estado, que en nuestra mano está, si lo queremos así.

La señal más cierta que, a mi parecer, hay para saber si conservamos estas dos cosas, es cuidando bien la del amor al prójimo, porque si amamos a Dios no se puede saber, aunque puede haber grandes indicios para entender que le amamos; pero el amor al prójimo sí. Y estén claras, en que mientras más se vean que son aprovechadas en éste, más lo están siendo en el amor de Dios; porque es tan grande el que nos tiene su Majestad que, en pago del que tenemos al prójimo, hará que crezca el que le tenemos a su Majestad, de mil maneras; en esto yo no tengo duda.

Nos importa mucho andar con gran advertencia cómo andamos en esto porque si es con mucha perfección todo lo tenemos hecho; porque yo creo, que según sea de malo nuestro ser y si no es naciendo de raíz en el amor de Dios, no llegaremos a tener con perfección el amor del prójimo. Pues esto nos importa tanto, hermanas, que debemos irnos entendiendo en cosas aún más menudas, y no haciendo caso a unas muy grandes, porque así de juntas vienen en la oración; puede parecer que haremos y aconteceremos por los prójimos y por sola un alma que se salve, pero si no vienen después las obras conformes, no hay para qué creer que lo haremos. Esto mismo digo de la humildad también y de todas las virtudes. Son grandes los ardides del Demonio, que por hacernos entender que tenemos una, que no tenemos, dará mil vueltas al Infierno. Y tiene razón, porque es muy dañino y nunca estas virtudes fingidas vienen sin alguna vanagloria, por ser de tal raíz; así como las que da Dios están libres de ella y de soberbia.

Yo he tenido el gusto, algunas veces, de ver almas, que cuando están en oración, les parece que quisieran ser abatidas y públicamente afrontadas por Dios, y luego encubrirían una falta pequeña si pudiesen, o que si no la han hecho y se la cargan, Dios nos libre. Pues obsérvese mucho quien no sufre de esto, para no hacer caso de lo que a solas determinó a su parecer, porque en realidad no fue determinación de la voluntad (porque cuando hay verdadera de ésa es otra cosa), sino alguna imaginación de las que hace el Demonio con sus saltos y engaños. A mujeres o gente sin letras podrá hacerles muchos, porque no sabemos entender las diferencias entre energías, imaginación y otras mil cosas que hay en el interior.

¡Oh, hermanas, cómo se ve claro a donde está realmente el amor del prójimo, en algunas de vosotras, y en las que no está con esta perfección! Si entendieran lo que nos importa esta virtud, no traerían otro estudio. Cuando yo veo almas muy diligentes a entender la oración que tienen y muy cerradas cuando están en ella, al punto de parecer que no se atreven a moverse ni menear el pensamiento para que no se les pase un poquito el gusto y devoción que han tenido, me hacen ver cuán poco entienden del camino por donde se alcanza la unión. ¿Y piensan que allí está todo el asunto? ¡No hermanas, no! El Señor quiere obras y que si ves una enferma a quien puedes dar algún alivio, no se te dé nada de perder esta devoción, te compadezcas de ella y si tiene algún dolor te duela a ti, y si fuera necesario ayunes para que ella coma y no tanto por ella sino porque sabes que tu Señor lo quiere. Esta es la verdadera unión con su voluntad y que si vieran glorificar mucho a una persona, te alegres mucho más que si te glorificaran a ti; esto es fácil, porque si antes hay humildad tendrá pena de verse glorificar.

Esta alegría, de que se entiendan las virtudes de las hermanas, es gran cosa y cuando viéramos alguna falta en alguna hay que sentirla como si fuera en nosotras y encubrirla. He dicho mucho de esto en otras partes, porque veo que si hay fractura en ello, vamos perdidas. Plegad para que el Señor nunca la halle, porque como esto sea así, les digo que no dejen de alcanzar de su Majestad la unión que se ha dicho. Cuando se vean faltantes de esto, aunque tengan devoción y regalos, que les parezca que han llegado ahí o tengan alguna suspensioncilla en la oración de quietud o que a algunas luego les parezca que está todo hecho, créanme, que no han llegado a unión, y pidan a nuestro Señor que les dé con perfección este amor al prójimo; dejen hacer a su Majestad porque les dará más de lo que sepan desear, tanto como se esfuercen y procuren esto en todo lo que puedan, y fuercen su voluntad, para que se haga en todo la de las hermanas aunque pierdan algo de su derecho; olviden su bien por el de ellas aunque más contradicción les provoque el ser y procuren tomar trabajo, para ayudar con el del prójimo, cuando se necesitara. No piensen que no cuesta algo y que se lo han de encontrar hecho. Miren lo que costó a nuestro Esposo el amor que nos tuvo, por librarnos de la muerte, y murió de manera tan penosa, como es la muerte en la cruz.

Capítulo IV

Me parece que están con deseo de ver qué se hace esta palomita, y a dónde asienta. Pues queda entendido que no es en gustos espirituales ni en contentos de la tierra; su vuelo es más alto y no las puedo satisfacer con este deseo hasta lo última Morada, y aun quiera Dios que me acuerde o tenga lugar de escribirlo, porque han pasado casi cinco meses desde que lo comencé hasta ahora, y como la cabeza no está para leerlo, todo debe ir desbaratado; hasta por ventura debo haber dicho algunas cosas dos veces, pero como es para mis hermanas, eso no tiene mucho que ver.

Todavía quiero declararles lo que me parece que es esta oración de unión y conforme a mi ingenio pondré una comparación. Después diremos más de esta mariposita que no para porque no encuentra su verdadero reposo, aunque siempre da frutos haciendo bien a sí misma y a otras almas. Ya han oído muchas veces que se Dios se casa con las almas espiritualmente, ¡bendita sea su misericordia, que tanto se quiere humillar! Pues aunque sea una comparación grosera, yo no hallo otra que pueda dar a entender más lo que pretendo, y que tiene que ver con el sacramento del matrimonio.

Porque aunque de diferente manera, en esto que tratamos, jamás hay algo que no sea espiritual (lo corpóreo va muy lejos, mientras los contentos espirituales que da el Señor y los gustos que deben tener los que se desposan, van mil leguas distanciado lo uno de lo otro) porque todo es amor con amor, sus operaciones son limpísimas y tan delicadas y suaves que no hay cómo decirse; pero el Señor sabe más sobre cómo darlas a sentir muy bien.

Me parece a mí que la unión aun no llega a desposorio espiritual, sino que como se han de desposar dos se trata también de ver si están conformes y que, tanto uno como otro, quieran y se vean para que se satisfagan más, el uno del otro. Así que acá, por supuesto, el concierto ya está hecho, esta alma está muy bien informada y determinada a hacer siempre la voluntad de su Esposo, de todas las maneras que ella vea que lo puede contentar; mientras que su Majestad, como quien sabe bien si es así, lo está de ella y así hace esta misericordia, porque quiere que lo entienda más, y que, como dicen, vengan a la vistas y la junta consigo.

Podemos decir que es así esto, porque pasa en brevísimo tiempo. Allí no hay más para dar y tomar, sino que el alma vea de una manera secreta, quién es este Esposo que ha de tomar; porque por los sentidos y potencias en ninguna manera podía entender en mil años lo que aquí entiende en brevísimo tiempo; pero como el Esposo es Él, de solo aquella vista, la vuelve más digna de que se vengan a dar las manos como dicen, porque así queda el alma tan enamorada que hace de su parte lo que puede para que no se desconcierte este divino compromiso. Pero si esta alma se descuida a poner su afecto en una cosa que no sea Él, lo pierde todo, y la pérdida es tan grande, como lo son los dones que va haciendo, y hasta mucho más porque se puede encarecer.

Por eso, almas cristianas, a las que el Señor ha llegado a estos términos, por Él les pido que no se descuiden, sino que se aparten de las ocasiones, que aún en este estado el alma no es tan fuerte que se pueda meter en ellas, como lo está después de realizado el matrimonio, que es en la Morada que diremos después de ésta, porque la comunicación no fue más allá de una vista, como dicen, y el Demonio andará cuy cuidadoso para combatirla, y desviar este matrimonio. Ya después, cuando la ve del todo rendida al Esposo, no osa tanto porque la da miedo y tiene la experiencia, de que si alguna vez lo hace quedará con una gran pérdida y ella con más ganancia.

Yo les digo, hijas, que he conocido personas muy encumbradas llegar a este estado, y con gran sutileza y ardid, el Demonio las ha tomado para sí, porque debe haberse juntado todo el Infierno para ello, pues como digo muchas veces, no pierden un alma sola, sino gran multitud; él tiene experiencia en este caso porque, si miramos la multitud de almas que por medio de una llegan a Dios, para alabarle mucho, entenderemos los millares que eran capaces de convertir los mártires.

¡Una doncella como santa Úrsula! ¡Imaginen las que habrá perdido el Demonio por santo Domingo y san Francisco y otros fundadores de órdenes y las que pierde ahora por el padre Ignacio, el que fundó la Compañía, pues todos, está claro tal como lo hemos leído, recibían dones semejantes de Dios! ¿Cómo puso ser eso sino porque se esforzaron a no perder por su culpa una unión tan divina? ¡Oh, hijas mías, que tan dispuesto está este Señor a hacernos favores ahora como lo estuvo entonces en parte, más necesitado de que las queramos recibir, porque hay pocos que trabajen por su honra, como los había entonces! Querámonos mucho; hay mucha cordura para no perder nuestro derecho. ¡Oh, qué engaño tan grande! El Señor nos dé luz por su misericordia para no caer en semejantes tinieblas.

Me podrán preguntar o tener la duda sobre dos cosas: la primera, que si está el alma tan dispuesta con la voluntad de Dios cómo se puede engañar, pues ella en todo no quiere hacer la suya; la segunda, por qué vías puede entrar el Demonio tan peligrosamente que se pierda vuestra alma, estando tan apartadas del mundo y tan llegadas a los Sacramentos e incluso en compañía, de ángeles, pues la bondad del Señor no trae a todas otros deseos que no sea de servirle y agradarle en todo; porque ya, quienes están metidos en las ocasiones del mundo, no es mucho.

Yo digo que en esto tienen razón pues bastante misericordia nos ha hecho Dios y más cuando veo como Judas estaba en compañía de los Apóstoles, tratando siempre con el mismo Dios y oyendo sus palabras, entonces entiendo que no hay seguridad en esto. Respondiendo a lo primero, digo que si esta alma estuviese siempre aferrada a la voluntad de Dios, está claro que no se perdería; pero viene el Demonio con unas sutilezas grandes y debajo de lo que parece tener color de bien, la va desquiciando en poquitas cosas de ella, y metiéndola en algunas que él le hace creer que no son malas. Así, poco a poco, va oscureciendo el entendimiento, entibiando la voluntad y haciendo crecer en ella el amor propio, hasta que, de una manera u otra, la va apartando de la voluntad de Dios y llegando a la suya.

De aquí queda respondido a lo segundo, porque no hay encierro tan sellado a dónde él no pueda entrar, ni desierto tan apartado adonde deje de ir. Y les digo otra cosa, que quizás lo permite el Señor para ver cómo se encuentra aquella alma a quien quiere poner por luz de otras, que más vale que si desde el principio ha de ser ruin lo sea y no cuando alcance a dañar a muchas. La actividad que a mí me parece más cierta (después de pedir siempre a Dios en la oración que nos tenga de su mano, y pensar muy continuo que si Él nos deja seremos luego en el profundo, como es verdad, y jamás estar confiadas en nosotras, pues será desatino estarlo) o para andar con particular cuidado y aviso, es mirar cómo vamos en las virtudes, si vamos mejorando o disminuyendo en algo en especial, en el amor de unas con otras, y en el deseo de ser considerada como la menor y en cosas ordinarias; si miramos en ello y pedimos al Señor que nos dé luz, luego veremos la ganancia ola pérdida. No piensen que el alma en el que llega Dios a tanto la suelta tan aprisa de su mano, como para que el Demonio no tenga bien que trabajar; su Majestad siente tanto perderla, que le da mil avisos interiores de muchas maneras; así que no se le podrá esconder el daño.

En fin, la conclusión en esto será, que procuremos siempre ir adelante, y si esto es así, andemos con gran temor porque, sin duda, algún salto nos quiere hacer el Demonio, pues no es posible que habiendo llegado a tanto, deje ir creciendo, porque el amor jamás está ocioso y así será muy mala señal. Porque alma que ha pretendido ser esposa de Dios y, al tratarse ya con su Majestad y llegado a los términos que se han dicho, no se puede echar a dormir. Y para que vean, hijas, lo que hace con las que ya tiene por esposas (comencemos a tratar acerca de las sextas Moradas y verán cómo es poco todo lo que pudiéremos servir, padecer y hacer para disponernos a tan grandes favores) que podrá haber sido ordenado por nuestro Señor y me lo mandó a escribir, para que, puestos los ojos en el premio y viendo cuán sin medida es su misericordia (pues con unos gusanos quiere ansí comunicarse y mostrarse) olvidemos nuestros contentillos de tierra y, con los ojos puestos en su grandeza, corramos encendidas en su amor.

Rueguen a Él que yo acierte a declarar algo sobre cosas tan difíciles, porque si su Majestad y el Espíritu Santo no mueven la pluma, sé bien que será imposible; y si no ha de ser para vuestro provecho, le suplico que yo no acierte a decir nada, pues su Majestad sabe que mi deseo no es otro, según lo que puedo entender de mí, sino que sea alabado su nombre y nos esforcemos a servir a un Señor que paga así, aún acá en la tierra, y por donde podemos entender algo de lo que nos ha dará en el Cielo, sin los intervalos y trabajos y peligros que hay en este mar de tempestades; porque de no haberle perdido y ofendido, habría un descanso en el que no se acaba la vida hasta la fin del mundo, trabajando por tan gran Dios, Señor y Esposo. Rueguen a su Majestad para que merezcamos hacerle algún servicio, sin tantas faltas como siempre tenemos, aún en las obras buenas. Amén.

Gracias!

Agradecemos enormemente su preferencia. Si le ha gustado este libro, nos haría un gran favor si nos dejara una reseña para ayudar a que más gente lo encuentre.

El código QR de la derecha le llevará directamente a la página de reseñas de Amazon.

Libros relacionados

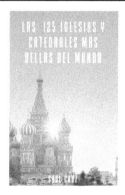
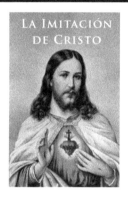

Escanea el siguiente código QR para ver nuestros libros relacionados y descargar el material adicional:

——————————— Ó ———————————

Visítenos en https://motmot.org/45

Printed in the USA
CPSIA information can be obtained
at www.ICGtesting.com
LVHW041536040524
779351LV00008B/557